だいわ文庫

なぜかお金を引き寄せる女性39のルール

ワタナベ薫

大和書房

好きな服やほしいものを
買えるという幸せ

お気に入りのものに囲まれて
過ごす心地よさ

自分磨きや自分癒し
自分をもてなす贅沢

好きなところに旅行し
たくさんの刺激と
充実感を得られる喜び

愛する人へのプレゼント
愛する人の笑顔
ときには愛する人を
助けることだってできる

お金はこれらのことを
すべて可能にします

そしてあなたは
それらすべてを
手にしていいのです

夢のように思われる
かもしれませんが
これは本当のお話

これから
一緒にかなえてみませんか？

はじめに
お金と相思相愛になる方法、教えます！

あなたは、お金が大好きですか？

こう聞かれると、

「大好きとまではいかないけど、どちらかと言えば好きなほうだと思います」

とか、

「考えたこともないです。でも、もっとあったらいいのに、とは思います」

とお答えになる方が多いことでしょう。

しかし、本音の本音のところを言えば、大半の方はお金を好きなはずです。

たくさんあっても困らないし、「欲しいですか？」ときかれたら「欲しい」と思うのではないでしょうか。

では、さらに次の質問にお答えください。

あなたはお金が大好きだと他の人に言えますか？

ここで、大半の方は、「言えません」とお答えになることでしょう。

実は以前、私も他の人には言えませんでした。

なぜなら、お金のことを口にするのは、「はしたない」と教えられてきたからです。むしろ「お金が好きと言うと、いやしい人間のように思われるのでは？」とまで思っていました。

でも、実際は私と同じような感情をお金に対して持ちながらも、多くの人が次のように考えていると思います。

あーあ、もっとお金があったらいいのにな～。

欲しいものが欲しいだけ、お金を気にせずに買えたらどんなに幸せだろう。

おしゃれもしたい、海外旅行も行きたい、ブランド物のバッグも欲しい。

でもお金が足りない……。

現実はいつまでたってもラクにならない……。

それどころか周りの人はとても豊かに見える。

ブランド物をたくさん持ち、海外旅行、素敵な住まい、高級レストランでの食事……。

いったい私の何がいけないっていうの？


たしかに人としては立派で、尊敬できるような人であっても、経済的に恵まれない状態の人はいます。

と同時に、人として立派な人で、なおかつお金持ちの人もいます。

ずるがしこくて、性格が悪くて、お金に対してギラギラした感じのする人のなかにも、貧乏な人もいればお金持ちの人もいます。

これはいったいどういうことなのでしょうか？

●「お金の法則」をきっかけに人生が大きく好転

答えにいく前に自己紹介させてください。私はワタナベ薫と申します。

私は若い頃、貧乏でした。

20代の頃は一か月10万円以下で生活していたこともありましたし、結婚してからも夫の給料は月の手取りが15万円程度。家計簿と毎日にらめっこしている節約主婦でした。つまり、かなり長い間お金に縁のない人生を過ごしてきたのです。

食べたいものも、着たいものも、行きたい場所も、すべて価格で左右される毎日。「いかに安いか」という理由で買うものを選んでいました。

では、なぜ私がお金について語るのでしょうか?

過去の私を見ると、たしかにお金にはまったく縁がありませんでした。

しかし、自己啓発を学び、コーチングで目標達成やお金について学んでから「お金の法則」がわかり、人生が大きく変わりはじめたのです。

そして、コーチングのコーチとして起業し、今では全国セミナーで日本中を廻り、海外でもセミナーをし、二社の経営もし、好きな家に住み、好きな車に乗り、大好きな執筆を仕事にすることもできました。

また、今までお金がないためにあきらめたり躊躇していたことも思う存分できるようになり、今では次々と夢がかなっています。


お金がなかった当時は、お金や成功法則に関する本をいろいろと読んでいたにもかかわらず、一向に裕福にはなりませんでした。渦中にあったときは、その理由がわかりませんでしたが、お金に関するプラスの出来事とマイナスの出来事を経験していくうちに、どうしたら豊かになっていくのか、その法則がわかったのです。

私がなぜ貧乏暮らしが長かったのか、なぜコツコツ貯めても一気に失うようなことが起こったのか、なぜお金持ちはますますお金持ちになるのか……。

それに気づいてからは、「お金の法則」に従って生活するようになり、物事の判断も、お金の法則にならってするようになりました。

すると、人生が大きく変わったのです。

そこで、私が学んだことや体験からわかったお金の法則を、私のコーチングのクライアントさんにも伝えて実践してもらった結果、豊かになっていく女性がたくさん出てきました。

お金廻りがよくなると、メンタルも安定し、運気も上がってきます。

目標も達成しやすくなりますから、小さな成功を積み重ねて階段を駆け上がっていくことができるようになります。

このような女性をたくさん見ていくなかで、私はますますこのお金の法則に確信を得ました。本書ではその法則について、皆さんにご紹介したいと考えています。

●一般人とお金持ちは考え方のスタートから違う

それでは冒頭の疑問に戻りましょう。

はじめに現実を申し上げますが、実は、**人間性とお金には関係性がありません。**

後で詳しくお話ししていきますが、「お金の法則」というのは、とてもシンプルにできていて、**大切なのはお金に対する認識**です。

つまり、お金に対してどのような価値観を持っているのか？　によって豊かになるか、そうでないかが決まるのです。

そう、そろそろお気づきかと思いますが、経済的に豊かになっていく人というのは、お金のことが大好きなのです。

本当？　と思われたかもしれませんね。

実はこの、「お金が大好き」というのが、とても重要なキーポイントになっているのです。

こう聞くと、たぶんほとんどの方は、違和感を抱くと思います。

「私はお金が大好きです」なんて人前で恥ずかしくて言えないし……、拝金主義者みたいで気持ち悪い感じもするし……、今までお金に対して好きかどうかなんて考えたこともないし……などなど、いろいろ感じるかもしれません。

では、この本を手にしたあなたの動機は何でしょうか？

「お金を引き寄せる」ってどういうことだろう、と思ったからでしょうか？

それとも、安定した収入を早く得たいと思っているところに、たまたまこの本が目に入ったからでしょうか？

もしかしたらあなたは、お金に対して次のような考えを持っているかもしれません。

- お金は汗水たらして苦労して得るもの
- 私はお金に縁がない
- 親も祖父母も貧乏だから、私もきっとそうなる
- 賢い人だけが得をする
- 私は何の能力もないからお金持ちにはなれない

一方で、世の中のお金持ちを見てみましょう。

あなたもご存じのとおり、貧しい家庭から大逆転したり、金なしコネなしか

ら一代で財を築いた人など、世の中にはたくさんの成功ストーリーがあります。

また、大金持ちとまではいかないまでも、若い頃と比べてぐんぐん豊かになっていく人はたくさんいます。

彼らとそうでない人は、何が違うのでしょうか？


それが、先ほども述べたとおり、お金に対する認識の違いです。

お金に対して、プラスのイメージを持っていること。

お金を自分の目的達成のための手段、道具だと思っていること。

欲しいと思えば引き寄せられるエネルギーのようなものだという認識があるということです。


この本でいう「お金が大好きな人」というのは、拝金主義者やお金にがめつい人のことを指すのではありません。

一般の人々が持っているお金に対するマイナスイメージを持っていない、つまり「お金と仲良くなるのが上手な人」のことです。

「お金が大好き」という言葉――。

これは、上辺だけの言葉ではなく、心底思っていることが大事です。

もしあなたが言葉だけで「お金大好きなの～」と言っていても、心から本気で言えていないのであれば、あなた自身の心のブレーキが、いずれ成功を邪魔することになります。

●すぐそこに「本当の豊かさ」が待っている

この本では、お金を引き寄せるためのテクニック的なことも紹介していきますが、その根本に流れる考えは、**「お金を愛すること」**。

つまり、そのお金で得られる自分の幸福や周りに与えることができる幸せ、豊かさを心から望んでいる、ということなのです。

あなたがお金を愛さずしてお金に愛されることはありません。

お金持ちになるための指南書は、世の中にたくさんあります。多くの人にとって、最も関心のあるテーマの一つだからです。

でも実際には、富の二極化が進み、お金持ちはますますお金持ちに、低所得者はますます厳しい状況にあるというのが現実です。

あなたも、もしかしたらこれまで、お金持ちになる方法や引き寄せの法則、成功法に関する本をたくさん読んでこられたかもしれません。

アマゾンで「お金」というキーワードで検索すると７０００冊以上が出てきます。もしかしたら、あなたもそれらの何冊かを読んで実践してこられたかもしれません。

でも、もし今もお金の流れが変わっていないとしたら、それは何かが違うということを意味します。

その何かがわかれば、必ずや好循環サイクルに乗ることができるでしょう。

この本ではそれらを明確にお伝えしていきます。

この本を手にしたということは、豊かさを引き寄せる力を潜在的に持っている何よりの証拠。
そうでなければこの本を手に取るはずがないからです。
さあ準備はできましたか？
それでは、さっそくページをめくっていきましょう。

ワタナベ薫

なぜかお金を引き寄せる女性39のルール

目次

Chapter 1

お金を「引き寄せる」ために知っておきたいこと

Chapter 2
お金に対するブロックを外した瞬間、世界は変わる

お金を引き寄せたクライアントさんの体験談②

Chapter 3

「9つの習慣」をつければ、すべてはうまく回り出す

Chapter 4

「流れ」が悪くなったときは、視点を変える

Chapter 5
豊かで実りある人生にするために

おわりに
あなたの可能性はもっともっと広がります

Prologue
お金に愛されるかどうかは心がけ次第

RULE 1

お金を受けとることへの抵抗感をきっぱり捨てる

早速ですが、あなたに一つ質問があります。
お金を「支払う」ことと、「受けとる」こと、どっちが好きですか?
こう聞くと、ほとんどの人は「もちろん、受けとることです」と答えることでしょう。
ところが実際には、「お金を受けとるのが苦手」、という人はとても多いのです。

友達や知人だとお金の貸し借りのルールがあいまいになって、なかなか返してと言えない

◆何かを人の代わりに買ってきてあげて、お金を渡されると、「いいよ、お金は」と言ってしまう

◆親切でやってあげたことに対して、「これ少しだけど」とお礼のお金を出されると、「とんでもないです！」と言って絶対に受け取らない

◆自営業なのに「領収書ください」と人の前で言いづらい

嫌われたくないとか、がめつい人と見られたくないとか、いい人に見られたいという気持ちが先行しているのかもしれませんが、こういう人は意外と多いです。あなたはいかがでしょうか？

お金は欲しいけど受けとることが苦手という人のなかには、お金に対してよくないイメージを持っていて、それがブロックとなって、お金を無意識に拒絶していることがあります。

ここで「無意識に」と書いたのは、本人は無意識にそういう言動をとっていることがあるからです。

私たちは通常、「無意識」に支配されていると言っても過言ではありません。

「無意識」とは心理学では「潜在意識」と言われ、私たちの意識全体の90％を占めるとも97％を占めるとも言われています。

つまり、この「潜在意識」は、日々の習慣や価値観、倫理観、思い込みなどを通して、私たちの言動を支配しているのです。

たとえば、

- お金があるから犯罪やトラブルが起きる
- お金は汚いものだ
- お金なんかなくても幸せになれる
- お金は汗水たらして苦労して得るもの
- 私はお金に縁がない
- 親も貧乏だから、私もきっとそうなる
- 賢い人だけが得をする
- 私は何の能力もないからお金持ちにはなれない

このような考えを持っている人は、「無意識」にお金を避ける言動をとるので、お金を受けとるときに拒絶反応が出てしまうのです。

つまり、なんらかの形で受けとりを遅らせたり、少なく受けとったり、いらないと言ってしまったりするのです。

だからこそ、このような「お金に対するブロック」を外すことがとても大切なのです。

POINT
「潜在意識」が言動を支配している

RULE 2

権威ある人の話を鵜呑みにしない

お金をブロックする意識は、何らかの立場のある人や、人格者と呼ばれている人でも持っていることがあります。

以前、あるお寺の和尚さんとお話ししたときに、和尚さんはこうおっしゃっていました。

「私はね、この世からお金がなくなればいいと思っているんですよ。長年いろんな人を見てきて、お金があるから人の欲望が増幅して過ちが起こっているのは間違いないと確信したんです。だからお金に代わる何かが出てくればいいと思っているんです」

このお寺は、他のお寺に比べて修繕や、草木の手入れが行き届いておらず、若干みすぼらしい状態でした。由緒あるお寺のようでしたが、参拝者も少なく、経営は大変とのこと。

しかしながら、このようなことを権威のある方が言うと、多くの人は「なるほど、ありがたいことを聞いた」と思い、疑うことなくそのまま受け入れてしまう傾向があります。

それは、心理学用語でいう「制服効果」というもので、制服やバッジなどの権威を示すものや人に対して、人が無意識に影響を受けてしまう現象のことを言います。この影響下では、相手がたとえ間違ったことを言っていても、正しく聞こえてしまうのです。

相手が学校の先生であっても、政治家であっても、役所の人であっても、大企業の社長であっても同じことです。子どもにとっては親もそうです。

これからはこういう意見をすぐに鵜呑みにすることはやめましょう。これこそがお金のブロックをつくる原因になるものです。

後でも述べますが、お金にはクリーンな気持ちしか乗せてはいけないのです。

本当のお金持ちというのは多くの人が思っているような悪代官と越後屋のような人たちではなく、ごく普通の人たちです。

その普通の人たちが、私たちが納める税金の総額の3分の2をも納めていると言われているのですから、ありがたい存在でもあるのです。

まずはお金は汚いものというようなお説教とは距離をとりましょう。

POINT

お金にまつわるお説教は一度忘れる

RULE 3

お金持ちは必ずしもすべて持っているわけではない

本当のお金持ちはごく普通の人たちだと書きましたが、そのことについてもう少し詳しくお話しします。

お金持ちの姿を想像してくださいと言うと、多くの人は、飛行機はファーストクラス、家は都内の高級マンションか庭付き一戸建て、運転手つきの黒塗りの高級車、食事はいつもホテルで外食、毛皮を身にまとい、派手な帽子をかぶり、両手にはダイヤが光り、シャネルのスーツで……という感じを想像するようです。

でも実際のところはどうなのでしょうか？

本当のお金持ちというのは、あまり表に出てきません。それほど目立つ格好をせず、さりげなく上品。よく見ると持ち物が高価なこともありますが、一般の人とあまり変わらない格好をし、普通の車に乗り、普通の家に住んでいる人もたくさんいます。

田舎の普通のおばあちゃんが数億円持っているなどという話を聞いたことはありませんか？　こうした人は、別に自分の資産をアピールする必要もないですし、誰かにチヤホヤされたいという欲求もないので、誰かにそれを見せることもなければ、人に言うこともないのです。

オシャレが好きな人は高級ブランドに身を包むかもしれませんが、興味がなければそこそこのもので満足していることも。趣味や好きなものにはお金に糸目をつけないかもしれませんが、だからといって、なんでもかんでも高級志向ではない……そういう人が多いのです。

私が親しくさせていただいている方のなかには、経済レベルも、年収2千万円クラスの方から、年商何十億円の会社の社長さんもいれば、金融資産が10桁の方もいます。

そうした人々に共通するのは、身のまわりのものすべてを高級品にしている

わけではない、ということ。

ここで、私がとても仲良くさせていただいている会社の社長さんを例にあげましょう。

その社長さんは、お会いすると高級なものをごちそうしてくださるのですが、その方の持ちものや身なりはとてもお金持ちには見えない、普通の人。彼はファッションにまったく興味がないそうです。

しかし、自分の好きな分野には、信じられないようなお金をかけます。品質がいい物を選びますから値段も必然的に一番高い物を購入しているようです。

仕事への投資の額は、かなり大胆です。

それでいて驚いたことに、その方のお住まいは、奥さんとお子さんの３人暮らしで、築30年ほどの古い３ＤＫの家賃３万円の借家なのです。

さらに、その方の家にはテレビがありません。どうしてないかというと「興味がないから」だそうです。

つまり、彼にとってはテレビ同様、立派な家に住むことにも興味がないから、古い借家に住んでいるわけです。

富裕層の別の男性も、築100年でリフォームもしていないような古い家に住んでいます。その男性もまたとても寛大な方です。しかし、家に興味がないそうです。雨風しのげる屋根や壁があるだけで十分なのだそうです。立派な豪邸には興味がないわけです。だからお金がすごくあってもそこにお金はかけません。

また、年商数十億円をあげる会社の社長さんは、お金に関しては無駄な遣い方を一切しません。自分1人の出張には高級ホテルではなく、ビジネスホテルやカプセルホテルを利用。移動には、電車もバスも使います。また社員のお金の遣い方にもとてもシビアで、ホテルのなかにある冷蔵庫から1本700円のコーラを飲むことに関しても、「コンビニで120円で買えばすむことでしょ?」と諭します。決してケチなのではありません。お金をかけるところと、かけないところを知っているのです。

では、インターネットやテレビなどで見かける派手なお金持ちはどうなっているのかというと、マスコミ用の見せ金として振る舞っている人がほとんどです。成功している姿を見せることで自分の実績をわかりやすくアピールしているのです。彼らも自分たちは成金であることも自覚し、自身のブランド価値を上げるためのパフォーマンスだとわきまえてやっているケースが多く、極めて少数派です。見えない部分の私生活は案外地味なのかもしれません。

ですから、ここで学ぶことは、**お金にはポイントを押さえた遣い方がある**ということです。これを知らずに目的もなくただ遣うと、「散財」や「死に金」になってしまうのです。

多くの人のお金に対する接し方と、お金持ちの接し方の違い、ここをぜひ押さえておきましょう。

POINT

お金にはポイントを押さえた遣い方がある

RULE 4

「お金のブロック」が外れた瞬間、人生が変わり出す

これまで述べてきたように、多くの人は多かれ少なかれお金に対する悪いイメージを持っています。そしてその悪いイメージが、現実をつくっています。

簡単に言えば、お金持ちはその逆なのでお金持ちなのです。

彼らは、お金に対してとてもよいイメージを持っています。

お金のことが大好きであり、お金の話をすることに躊躇がありません。

お金とはいわばエネルギーであり、その人が扱えるエネルギーの量に比例して、集まってくるお金の量も決まるのです。

ですから、どんな立場の人であっても、どんどんお金を廻せる人ならば、お

金はちゃんと必要な分が集まってきます。

ノーベル平和賞を受賞したマザーテレサは、実は優れた事業家としての側面も持っていました。

たとえば、ローマ法王から感謝の気持ちとしていただいた新車のロールスロイス（時価300万円）を、自分が主宰する宝くじの一等の懸賞としたのは有名な話です。

もしマザーテレサがお金のことをよく思っていないのなら、車をすぐに売って現金に換えていたかもしれません。でもそうするのではなく、宝くじにして売り出すことで、最終的に車の値段の5倍の1500万円の売り上げとなりました。

慈善家として有名な彼女ではありますが、このようにお金を有効に集めることは積極的に行っていました。また、資産家やお金持ちからは積極的にお金ももらっていました。

これは、多くの人が持っている「お金に対する悪いイメージ」とは真逆の行為と言えるのではないでしょうか？

このように、お金に対する見方を変えていき、本当に「お金のブロック」が外れた瞬間、お金はあなたを中心に循環しはじめるのです。

そこで次章以降ではお金に対するブロックを外し、お金の流れをよくする、プラスのエネルギーで満たされながらお金を引き寄せる方法をご紹介していくことにしましょう。

POINT

見方を変えれば、どんな人にもチャンスはある

Chapter 1

お金を「引き寄せる」ために知っておきたいこと

RULE 5

執着のある節約は貧乏になっていく

「お金に対するブロック」を外す前に、押さえておきたいポイントがあります。それはお金を引き寄せるための法則、「お金の法則」です。

これは豊かになるための基本ともいうべきものです。

「塵《ちり》も積もれば山となる」という言葉がありますが、10円安く買えた！　20円安く買えた！　ということに多くの時間をかけたり、それに大きな喜びを感じている状態は、**自分が「豊かではない」というセルフイメージを潜在意識に刷り込んでいることになります。**ですから豊かさから離れてしまいます。

ポイントカードで財布をパンパンにして、ちまちまとポイントを貯めて、数百円の割引きに喜びを感じること。これもまた、〝数百円を必死で貯める私〟

というセルフイメージになってしまいます。

「時は金なり」にもかかわらず、広告をくまなく比較して、あちこちのスーパーをはしごしてまでも、100円、200円の節約をするために体力をすり減らしてしまうくらいなら、生協の共同購入のように、ちょっと割高だけど、必要なものだけを自宅に届けてもらうほうがよほど時間も体力も節約になることでしょう。

これは勘違いしないでいただきたいのですが、節約が悪いのではありません。**少額のお金に執着することは、あなたがお金の奴隷になっている可能性があるということです。**

ポイントカードも節約も、楽しいならOKなのです。

私の知り合いのある年上の女性は、本当に寛大な人です。そして、とても豊かな人（特別なお金持ちという意味ではありません）で、お金をいろんな人々にあげていています。

そこには理由などありません。「臨時収入が入ったからお小遣い」と言って、人にあげるのです。理由もなくあげるってすごいですよね。

彼女は、お金は必要なときに必要なだけ入ってくることを知っていて、お金は誰のものでもなく神様のもの、自分に必要なときに神様は自分にお金を流してくださる、とずっと信じていて、そして現実、本当にそうなっているのです。それは「奇跡」ではなく、「法則」なのだそうです。

もしかしたら、あなたもどこかで「お金を得たいなら、お金を廻しなさい」という話を聞いたことがあるかもしれません。

彼女はそれを実際にやっているわけですが、人にお金をあげる習慣がない人にとっては、それはハードルが高いことだと思います。

そこで次のことを試してみてください。そう、チップです。

海外ですと、ホテルやレストランでは、受けたサービスの15～20パーセントのチップをあげます。1万円だったら1500～2000円です。

まずはその半分でもいいので、サービスを受けた人にチップをお渡しするのです。ホテルやタクシーでも、アロママッサージでもネイルサロンでも、どこでもやってみたいところでOK。これなら、実践しやすいのではないでしょうか？

たとえ今はお金がなくても、必要なときに天はお金を自分に廻してくれると信じていると、本当に廻ってくるものです。

これは特別な人がなせる技ではなく、当たり前の法則。自分の「思い込み」次第でお金の流れは変わるのです。

私自身、そんなに裕福ではなかった頃から彼女の生き方を見習った結果、自分も少しずつ、そんな生き方ができるようになりました。

つまり、自分がきちんと人にお金を廻していれば、必要な分、いや、自分が必要と思っている以上にお金は入ってくることがわかったのです。

お金は「持っている」とか「持っていない」とかではなくて、**どれだけ多く自分の目の前を過ぎ去っていくのか？　ということがポイントとなります。**

せっかく、たくさんの福沢諭吉さんが自分の目の前を行ったり来たりしようとしているのに、自分のところでその流れを止めてしまうと、お金の流れを止めることになってしまうので、結果として他のところへ流れていってしまいます。

お金は、留める量を増やすことに注目するよりも、流れる量を増やすことに注目したほうが、結果的には増えます。

これはお金に対しての執着があるとできないことです。

ぜひ思い込みを変えて、「流れ」を変えていきましょう。

POINT

留める量を増やすことから
流れる量を増やすことにシフトする

RULE 6

自然の法則は「出して」から「入る」

「お金が欲しい」、「お金持ちになりたい」と思うと、お金を遣わずに貯めようと考える人がいますが、お金が欲しいと思ったら、先に送り出さなくてはいけません。ここはとても重要！

〝出す〟と〝入る〟は、自然の摂理です。
入るから出すのではなく、出すから入るのです。
すべての流れは、この順番です。

呼吸も、吸ってから吐くのではなく、吐き切って出してから、新しい空気で満たすのです。そのほうがエネルギーが満たされるからです。

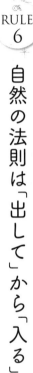

「出すから入る」。これこそが「お金の法則」でもあります。

たとえば、情報もそうです。

アウトプットするからインプットしたくなるのです。なんらかの情報の発信者は常にインプットしていますが、それは自分の情報を先に出しているから、新しい情報が引き寄せられてくるのです。

そして、〝出すから入る〟の原理は、物質に関しても言えます。

新しいものが欲しいと思っていても、古いものばかり数多くあると、新しいものは入ってきません。代表的な物は「片づけ」です。この件については、Chapter 4でまた詳しく扱いますね。

お金の流れを自分のところで止めようとする行為は、吸った息を止めているのと同じで、これ以上息を吸えなくなってしまいます。

ちなみに、利他的な目的のために出したお金は、同じ金額ではなく、何倍にもなって戻ってきます。これはたとえば、募金や寄付などです。

募金や寄付……こんな不景気な時代に？　と思われる方もいるし、「こっちが寄付して欲しいくらいよ！」と本当に言葉に出して言う人もいます。

でもそのような人というのは、たいていの場合、１００円２００円は無駄に遣っているものです。

寄付するお金がないと言う割には、お腹がすいているわけでもないのに、チョコレートをムダに食べたりするお金の余裕はあったりするものです。

また、利他的に〝出す〟以外にも、自分を満たすためにお金を遣っても法則は有効です。自分の心を満たすためにお金を出し、その対価としてサービスやものを受けとる、というのも〝出す〟行為に入ります。

あなたが送り出したお金は、誰かの喜びのために遣われて、またお金たちは世界中を旅して、快く送り出してくれたあなたの元に帰ってくることになるのです。


一方で、貯めようとするお金ほど貯まらないものはありません。

貯めることにエネルギーを遣うよりは、稼ぐほうにエネルギーを遣ったほうが遥かにお金は貯まっていきます。

ただし、一つ注意点があります。出すと入るの法則をかん違いして、浪費してばかりいるのはお金を遠ざける行為です。

遣うときには感謝の気持ちを持って、「出すから入る」という「お金の法則」に従ってお金を扱っていれば、いつの間にか貯まっている、または思いもよらない方法でお金が入ってくるのを経験することになるでしょう。

POINT

貯めようとするほどお金は貯まらない

RULE 7

お金に負の感情を乗せない

お金の動きというのはシンプルなもので、「出る」と「入る」、この二つしかありません。

お金が自分の元にやってきたときには、「やったー！　やっと給料日～！長かったーー！」と喜ばれる方がほとんどのことでしょう。

一方で、その日からお金を遣うたびに、なんとなくため息。

「はぁ～、また出ていった」

「もう、こんなに遣ってしまった……」

つまり、お金が入ってきたときには喜び、出ていったときには嘆く――あなたもしかしたら、そのパターンに陥っていませんか？　もし、そういう状態なら危険です。「貧乏サイクル」が固定化されていきます。

大切なのはお金に対して安定した感情を持つこと。入ってきたときには、〝感謝と喜び〟。遣うとき（出ていくとき）にも〝感謝と喜び〟。**「負の感情」を絶対に乗せないこと**です。

そもそもお金を頂戴できる、というのはありがたいこと。

そして、それを遣えることもまた、ありがたいことですから、出してあげることも、喜びなのです。

何かを自分のために買ったときも、「あ〜あ、買っちゃった……」という後悔をしたり、お金を遣ってしまったことへの罪悪感を乗せてお金を支払うと、**せっかく自分の喜びのために買ったのに、その喜びがチャラになってしまいます。**

買い物をした後に、罪悪感を持たれる方は結構いらっしゃるようですが、お金を送り出した後に、罪悪感は決して持たないでください。

これについては、Chapter 2で詳しく述べますが、**罪悪感は、「お金のパイプ」が繋がるのを邪魔しているくせ者なのです。**

何か買い物をしたときに支払ったお金もまた、自分の喜びになっている、さらには、そこの店員さんのお給料になるし、それをつくってくれた人、配送してくれた人、その商品がみんなの手に届くまでに関わったすべての人の喜びに自分が貢献したんだ、という「プラスの感情」を自然に持てるようになること。ここは想像力が必要です。

入ってくるときよりも、**出すときのほうが喜びであることを認識するだけで、お金の流れがガラッ！　と変わるのも体感できるはず。**お金とは、まるで意志があるかのような動きをするのです。本当に。

そして、お金が入ってきたことに関してもう一つ。

よく、お金をもらっておきながら、その相手に文句を言う場合があります。「給料が少ない」などはその典型。本人は人間に向かって言っているつもりかもしれませんが、お金はまるで自分に言われたかのような動きをします。

私の知人でこんな男性がいました。

彼は小さな会社に勤めていましたが、その人はお金がなくて社長に50万円ほど借金したそうです。社長は、口も悪く、従業員にきつく当たる人でしたが、実は大変に情の厚い人で、50万円をその男性に貸してくれたのです。その男性は社長のことが大嫌いでしたが、借金があるので、耐えながらもそこで働いていました。

あるとき、その男性は、とある得意先で、自分の社長の悪口を言ったそうです。「社長は態度がデカくて人使いが荒くて頭にくる！」と。その話を聞いていた人は年長者だったので、彼にこう言いました。

「頭にくるかもしれねぇけどな、お金をもらっている限り、そのお金をくれる相手に悪口言っちゃあいけねぇ。こんな時代に毎月給料をもらえるってな、ありがてぇことなんだよ」と諭したそうです。

結局、この男性は50万円借りた恩を恩とも思わず、返済しおわってすぐに、社長に暴言を吐いて会社を辞めてしまいました。

たいていの場合、こういう人が豊かになることはありません。今でもこの男性の家族は夫婦共に苦労して働き、毎月「お金がない」と言っているそうです。

お金をもらったときに、「負の感情」で受けとってしまうと、それが癖になります。

ありがたいという気持ちの前に、「あーあ、これっぽっちか……」とか「はぁ～、こんな少ないお金でまた1か月暮らすのか……」とか「今月もこんなに支払いか～」と思っていたら、それは無意識のうちにお金にそのまま負のエネルギーを乗せてしまうのです。

それでは金運はいつまでも上がりません。

お金は私たちに豊かさと喜びをもたらしてくれるものですから、すべていい感情を乗せていくようにしましょう。全部感謝と喜び。**遣うときには特に喜びです。**

お金に対しては、常に物わかりのいい、優しい親のようであってください。

旅をしたがる子どもにたくさんのいい経験をさせてあげたいと思い、優しく喜んで送り出してあげてください。そして戻ってきたときにも、心から喜んで迎えてあげる。そんなイメージが大切です。

POINT

もらうときも出すときも「はぁ……」「もう……」は今日から言わない

RULE 8

感謝は「ある」、執着は「ない」を引き寄せる

いいものを引き寄せるためには「感謝の気持ち」を持つ必要があります。

とはいうものの、具体的なイメージはなかなかつきにくいかもしれません。

感謝の気持ちがあると、どうして引き寄せやすくなるのでしょうか？

感謝というのは、今の自分には**「ある」**とか**「持っている」**ということを、自分が認識しているからこそ湧き出る感情といえます。つまり、自分が「ある」とか「持っている」という感覚がないと、それは、感謝というよりも〝渇望〟や〝執着〟という形であらわれてきます。

その〝渇望〟や〝執着〟は実際に「ある」ものが見えない、もしくは「持っ

ている」ものに気づかないゆえに常に他の何かを求める状態。そんな状態では感謝の気持ちが湧きません。

感謝の気持ちが湧き出てこないということは、自分の心も思考も行動全体も「自分には必要なものがない」と信じている状態です。

たとえば、「幸せになりたい」と思う人は、今幸せではないのです。本当に幸せな人は、幸せになりたいと思わないからです。

つまり「お金が欲しい」と思う人は、「お金がない」と感じているのです。

執着は、自分は**「ない」**とか**「持っていない」**ことを潜在意識にインプットしてしまいます。

ですから、欲しいものにあまりにも執着すると、手に入らない、というのが自然の法則なのです。

逆に、感謝の気持ちをいつも持っている人は、今実際に「ある」ことや「持っている」ということを理解している人なので、その心の豊かさはさらなる豊かさを引き寄せます。これがますます豊かになっていく仕組みなのです。

実際私の周りにいる感謝の気持ちが厚い人たちは、自分のものを与える精神が豊かで、そういう方々は、お金に、または物質に事欠くことがありません。

いつも、いろんなところからいろんなタイミングで与えられて、さらにそれを他の人にも廻しています。

でも、もし、自分には「ない」と思っていたら、出し惜しみしてしまい、周りの人々に与えることを控えてしまうかもしれません。

いつも自分にはすべてが「ある」「持っている」と思うと、どんどん惜しみなく周りにも与えられます。それゆえ、いろんなものが豊かに与えられる経験をします。

では、あなたが今「持っているもの」は何ですか？

あなたは今、何が「ある」でしょうか？

POINT

「感謝の気持ち」がある人は
あらゆるものが豊かに入ってくる

RULE 9

感謝の気持ちさえあればお金持ちになれる、は間違い

さて、この項目は、とても大事なので、じっくり読んでくださいね。

さきほど、感謝の気持ちは「ある」を引き寄せる、ということについて書きました。しかし、実は感謝の気持ちだけではお金持ちにはなれません。

ここで私の経験を一つご紹介しましょう。長年の間、なぜ私は感謝の気持ちがあるのに貧乏だったのか？　その疑問にお答えします。

もしかしたら、ここにあなたがお金に関して空回りしている原因があるかもしれません。

私は昔から、感謝の気持ちは厚いほうでした。月10万円で暮らしていた20代

の極貧時代の頃から、得られているものや置かれた環境に対して、こみ上げるほど感謝の気持ちがありました。ですから、もちろん幸せではあったのですが、それでも私は貧乏でした。なぜだと思いますか？

それは、アクセルとブレーキを同時に踏んでいたからです。

感謝の気持ちは、車で言えばアクセルなのです。アクセルは毎日踏んでいるので、お金の豊かさという方向に向かうはずなのです。しかし、実際は豊かさに向かわず止まっていました。それは、ブレーキも一緒に踏んでいたからです。

車を運転したことがある方なら経験があると思うのですが、ブレーキを踏んだままアクセルを踏むとどうなるでしょうか？　車は進もうとして揺れます。しかし、ブレーキがかかっているので、エンジン音だけあがり、前に進まない。車は揺れている。そんな状態です。

このように、感謝の気持ちが厚い人で、お金が欲しい、と言いながらカツカツの状態が続いている場合は、ブレーキも一緒に踏んでいるのです。

さて、そのブレーキとは何でしょうか？

それは、お金にまつわる「**恐れ**」と「**不安**」、そしてお金に対してのマイナスの意味付けです。

たとえば、老後が不安だからお金をちゃんと貯めておかなきゃ、と思う気持ちは、一見前向きで計画的なイメージがありますが、動機は「恐れ」と「不安」です。

お金が欲しいと思う動機が、不安をなくしたい、という問題回避である場合は、お金の巡りはよくなりません。

「老後に、旅行にガンガン行くために、貯めよーっと！」というワクワクな貯金とは、動機がまったく違うのです。

何があるかわからないから今のうちに貯めておこう、とか、将来年金がもらえなくなるのが怖いからなんとかしなきゃ……という想いが、ブレーキにあたるのです。そしてその考えは、そのまま「何があるかわからない」の「何か」を実現させてしまうのです。

当時の私は、感謝の気持ちはあったのですが、「**恐れ**」と「**不安**」、「**今あるもので十分**」「**それ以上求めることは強欲！**」という思い込みを持っていたので、貧乏のままだったのです。それらの思い込みの方が強く、そちらのほうが現実化してしまったのです。

お金に関しては、ちゃんと収支をおさえておかねばなりませんが、**必要以上の不安や恐れを抱かないことです。**「なんとかなる！」の精神が大切なのです。

私の仕事はある意味、水物《みずもの》です。つまり、将来の確約が何もないのです。人気がなくなれば収入は激減しますし、私自身が商品なので、私に何かあったら、もうおしまいです。つまり、ある意味私は常に、崖っぷち状態なのです。

しかし、こうも思うのです。私は、若い頃は寒さに凍えながらガソリンスタンドで働いたこともありましたし、早朝3時に起きて、お弁当屋さんで働いたこともあります。クリーニング屋さんの店番も経験がありますし、暑さ寒さの中、掃除会社のマットやモップの交換の仕事や、オフィスビルでの飛び込み営業をやったこともあります。

そう考えると、たとえ今、私の会社がなくなっても、仕事を選ばずまたアルバイトからはじめればいいやと、とても楽観的に思えます。

仕事がなくなったくらいで死にはしませんから、バイトをしながら実家に戻って畑仕事をやってもいいかな、と思うのです。

そんな心づもりがありますので、将来についてはまったく心配していません。地球の裏側で、1日1食しか食べられない人を思えば、自分が感じている不自由さなど、なんでもないことですよね。

他国に比べ衣食住の不安が少ない先進国の日本に生まれたこと自体が、もう既に十分あなたは「運」がいいとも言えるのです。

不安と恐れから解放されるために、今あるものにフォーカスすること。そして、なんとでもなる！　と思ってみてください。

POINT

必要以上に将来を不安に思わない

RULE 10

「お金がなくても幸せ」はウソ

「お金なんかいらない」と言う方に時折お会いすることがあります。実は以前の私も実際にそうでして、「お金で幸せは買えない！」とか、もしくは「貧しくても心が豊かであれば……」なんて本気で思っていた時代もありました。

しかし、2011年3月11日の震災のとき、私はどれだけお金が欲しいと思ったことでしょう……。実家は被災地でしたから、自分の青春の場所に行ったとき、変わり果てた土地を目に当たりにして、足の震えが止まりませんでした。全部メチャメチャになってしまったのです。

もっともっとお金が欲しい、と強く思いました。

お金がたくさんあれば、必要な人に廻してあげることもできますし、未だに整備されていない道路も直せます。

自分にできることなんてわずかにしか思えず、「お金なんてなくても幸せよね～」などの考えは、1ミクロンもなくなりました。

私は長い間、聖書を愛読していたのですが、「金銭に対する愛は悪の根なり」と書いてありました。これはそれぞれの理解によるのかもしれませんが、多くの人は、やはり富は身を滅ぼす、と捉えているような気がします。

しかし、それが真の解釈ではないのです。そうではなく、お金に対する執着が悪いと言っているのです。

また日本語には「倹約」とか「清貧」という言葉があり、それを美徳とする人も多くいます。謙遜の文化を持つ日本人的にはウケがいいのかもしれませんが、しかしながら、**本当に「倹約」や「清貧」を謳う人すべてが、貧しさを自ら求めているとは到底思えません。**

清貧という言葉をインターネットで調べると、すぐに出てくるのが、「私欲をすてて行いが正しいために、貧しく生活が質素であること」（デジタル大辞泉より引用）です。

じっくり読むと、よく意味がわかりません。私欲をすてて……の意味は理解できますが、正しい行いをすることと、貧しい生活、質素な生活がどう結びつくのか？　逆に豊かさと強欲は結びつけられた言葉なのでしょうか？

たとえば自分のポリシーとして、「倹約」や「清貧」の精神で慎ましく生きることを目指すならそれもいいと思います。ですが、そこでお金のことを悪く言い、お金が諸悪の根源だと言い張るならば、話が違ってくるような気がします。

潜在的に誰もが皆、規模は違えど、豊かさを求めているのは事実です。

豊かさは、「与える精神」を生みます。幸福を生み、みんなを笑顔にしてくれます。

かといって、常に豪華な食事をしていることが幸せだとも私は思いません。豪華な食事をおいしい、と心から感じるのは、ふだん質素なご飯を食べているから。いつもいつも豪華な食事をしている人は、特別にそれがすごくおいしいとも、豪華だとも感じないことでしょう。

普段の生活は質素でも、時折食べる豪華な食事は本当にありがたくて、幸せな気分にもなり、おなかが満たされるだけでなく、心まで満たされます。

そしてそれは、「お母さんにも食べさせてあげたいな」とか、「○○ちゃんにも食べさせてあげたいな」とか、お子さんがいらっしゃる方なら、「子どもたちにも……」と思うことに繋がってくるのではないでしょうか？

つまり、**お金はいりません、というのは、視点を変えれば、自分さえ満たされていればいいんだ、**というふうにもとれるわけです。

「お金がなくても幸せ」という考えは、自分以外の誰かを満たしてあげたいと思う気持ちや、人を助けたい、誰かに何かをしてあげたい、という気持ちが欠けているのです。

豊かさというのは、伝染して広がっていくものです。お金があるおかげで、私たちはおいしいものを食べることができ、好きなものを身に着けることもでき、そして、誰かのためにそれを使うこともできるのです。

ですから、**豊かになりたい、という気持ちを抑えないでください。**

あなたが心の底から豊かさを求め、その気持ちどおりの行動をするときに、現実はあとからちゃんとついてくるのですから。

ここまでのところで、お金の引き寄せ方についてお話ししてきました。Chapter 1は畑で言えば、土壌を耕す部分です。どんなに品種のいい種でも土壌が一番大切です。次のChapterでは、多くの人が持っているブロックを外す方法について扱います。

POINT

豊かになりたい気持ちを抑えずに、「豊かになる!」と決意する

お金を引き寄せたクライアントさんの体験談①

500万円を引き寄せた女性

私がコーチングしているあるクライアントさんは、自分の家を建てるという目標があり、既に自分のなかでのイメージは固まっていました。

会社帰りのあるとき、そのイメージにピッタリの土地があったそうです。

しかし、それは誰かの土地。

ところが、あるときそこの土地が売りに出されていたのです。

「ここは、私のために用意された土地だ！」という思いがわき上がり、「必ずここは私が買ってそこに家を建てられる！」と確信したそうです。

不動産屋さんにすぐに行って、値段を調べてもらったり、支払いのシミュレーションをしてもらったら、どうしても500万円ほど足りなかったそうです。

しかし、どこかから500万円は入る！　と彼女は思っていました。そのときはどこからそれがやってくるのか、まったく想像もつかなかったのに。

そして、その数日後、そのどこかにある500万円はやってきました。

彼女は夫と子どもと住んでいましたが、いずれ義父を呼んで一緒に住むつもりでいたので、土地を買って家を建てようかと思っているから一緒に住みましょう、と提案したそうです。

すると「じゃ、わしもお金を払う」ということになって、義父が提示したお金がぴったり500万円だったとのこと。

このような話はたくさんあります。

脳内でイメージできた途端、それと同じことがやってくるようになっているのです。

Chapter 2
お金に対するブロックを外した瞬間、世界は変わる

RULE 11

どんどんお金の話を口に出す

多くの人は、「人様の前でお金の話をするものではありません。はしたないから」と教えられて育ってきたことと思います。

そして、これこそが根深いお金のメンタルブロックをつくる原因になっている、ということに気づいていません。

たとえば、あなたに相思相愛な人がいたとしたら、その人のことを話題にしたい、とかその人のことをずっと考えていたい、と思うのは自然なことではないでしょうか？

あなたに愛されていると知るその人もまた、あなたのことをもっともっと愛するようになることでしょう。

お金も同じ。

お金の話をして居心地が悪いとか、なんだか心がザワザワするとか、お金を話題としてあげるのは、はしたないような気がする、というのは、**実はお金を本当の意味では愛していないのです。**

愛していないものを引き寄せることはできません。

好きな人の話をしたら、ワクワクするのが普通ですよね？

ワクワクもうれしさも感じないのなら、それは好きでない証拠なのです。実にシンプル。

プロローグでも申し上げましたが、**お金持ちや成功者は、お金の話をするのに躊躇しません。**だからこそお金を生み出すビジネスの話も大好きです。

私も、お金を生むシステムづくりやお金の流れをつくるアイディアなどがどんどん湧いて出てくるほうなので、お金の話やビジネスの話をするのが大好きです。

そして、たいてい、そのような話をするときには強いワクワク感があって、そう思ったときには、そのビジネスは成功し、さらなるお金が入ってくることが多いのです。

POINT
ワクワクしたときお金は入ってくる

RULE 12

お金儲けへの「罪悪感」は捨てる

私がこの仕事をはじめたきっかけは、現在毎日更新している「美人になる方法」というブログでのアフィリエイトからでした。

アフィリエイトとは、自分が使った商品を自分のブログなどでレビューして、そのブログをとおして商品を買ってもらうと、仲介料として報酬がもらえるというシステムです。

私にとってアフィリエイトは、サイドビジネス的なものでしたが（年に数個商品を紹介するのみ）、それでもときどき、「ワタナベさんがアフィリエイトをやっているなんてがっかりです」などのコメントが入ったりしていました。

ですので、アフィリエイターのなかには、そこから報酬が発生していることを隠してレビューしている人も多いのです。

アフィリエイトというのは本来なら立派なビジネスの形態なのですが、多くの人の印象はあまりよいものではありません（一般的なお金のブロックに加えて、ひどい方法で荒稼ぎしている人たちもいるからなのでしょう）。

お金を得ることの罪悪感はそのようなところにもあらわれているもの。自分がそこからお金を得ていることを公言できないのです。「お金が大好き！」と公言できないこととよく似ています。

また、こんなこともありました。

私は補整下着の代理店業務もやっています。何か自分の身につけるもので、お金が発生するものはないかな？　と考えていたときにご縁があったのです。

それでも、なかには私がこの仕事をはじめたときに、「がっかりです」とか、「ワタナベさんが、そういうお金儲けに走るなんて」というようなことを言われる方がいました。

そう、一般的には、お金儲けは印象が悪いのです。それは、お金のブロックがあるからです。

別の例です。

私の本職はコーチングのコーチです。私が関わる人たちは、コーチングを有料で受けています。友人関係でも、セッションをすれば、私とその友人の間には、コーチングのフィーが発生します。

「友達だからタダにして」、という関係の人は1人もいません。

友人たちも私にフィーを支払ってコーチングを受けますし、私自身も仲のいい人からセッションを受けた場合、その人の時間を買う訳ですから、当然お金を支払います。

しかし、同業者のなかには次のように思う人もいるのです。「仲のいい友達からはお金はとれない」と言ってタダにしたり、企業契約などでもあり得ないほど安い友人価格で提供してしまう、という人が。

このように、「受けとる」という部分でブロックを感じている場合。ルール1でも少し触れましたが、豊かになれなくなってしまいます。

あなたに何か提供できる価値があって、ちゃんと支払うから譲ってくれ、と言った人に、**価値に見合った額を提示する**、というのはとても大切なことです。

お金のブロックが外れている状態というのは、「出す」と「入る」のどちらも心地よくできる状態です。

お金というエネルギーを廻すためには、どうぞ気持ちよく出して、気持ちよく受けとるようにしてみてください。

POINT

自分が提供できる価値に対して発生したお金は快く受けとる

RULE 13

お金に対する「思い込み」を知る

お金は自分の内面を知るのにとても有効なツールとなります。

お金に対する自分の思い込みをちょっと覗いてみるだけで、生き方や、セルフイメージや、人との付き合い方など、いろいろとわかるおもしろいツールになります。

お金に対する思い込みを簡単に知る質問はこうです。

私にとってお金とは……である

お金は……なもの

お金をたくさん持っている人は……である

お金持ちは……である
私はたくさんお金を持つと……

「……」のなかにあなたが思う言葉を入れてください。上の質問一つひとつに対して思いつく限り書いてみると、あなたがお金に対してどんな思い込みを持っているか、知ることができます。

マイナスな言葉が多ければ、それを最終的にはプラスの思い込みに変えてあげればいいだけなのです。

思い込みを変えるのはさほど難しくありません。思い込みを変える手法はたくさんあるのです。以降の項目で扱いますので、しっかり取り組んでみてください。

POINT
マイナスをプラスにするのは意外とカンタン

RULE 14

貧乏自慢、安物自慢を一切やめる

お金がたくさん欲しいといいながら、真逆な思考と行動をしている人はたくさんいます。その結果が、現在得ている収入なのです。

それは、子どもの頃から親によってお金の感覚が刷り込まれ、そして社会の常識と言われていることも刷り込まれ、その思い込みが、「お金をたくさん持つのはよくないことだ！」というお金のブロックとなり、知らず知らずのうちにそのブロックが固定されてしまっているからです。

そのブロックは、どんなところにあらわれているかというと、自分よりお金がある人へのひがみやねたみ、という形で表面化します。

さらには、Chapter 1でも申しあげたように日本人には清貧の気持ちが根づいています。そして「足るを知る」という言葉の解釈を誤解している人たちがたくさんいることにも、それがあらわれています。

「足るを知る」の言葉には続きがあり、「足るを知る者は富めり。強《つと》めて行う者は志有り」。つまり、「足るを知る者は富めり」とは、今得ているものに満足し、感謝の気持ちがあると豊かになっていくという意味なのです。

ここで、豊かな気持ちになるトレーニングをしてみるのはいかがでしょうか？　非常に簡単なことです。

特別な日ではなくても、いつもクローゼットの奥にしまい込んでいるような上質なものをふだんから身に着けてみてください。

ジュエリーや上質な洋服なども普段使いにするのです。

もしあまりお金がなくても、他の人からお金持ちに見られたり褒められたりしたら、それを受け入れてみる、というのはブロックを外すための一つの方法です。

貧乏思考の人は、周りから「うわー！　それ素敵！　高そう！」と褒められたとき、ほとんどの場合、自分を落とす言い方をします。「そんなことないのよ。これ、超安かったの」と言って、安物自慢をしてしまいます。

しかし、これは周りの人にも自分にも、「私は安物を身に着けています」というのをインプットしていることになるのです。

ある起業家の話ですが、彼は貧乏だった頃、どんなにお金がなくても、お金がないような振る舞いは一切しないよう努めたそうです。

お金がなくても外に出るときは一流のものを身に着けていましたし、1日1食しか食べられなくても、友達との食事では気前よくおごっていたそうです。

周りからは当然、「あいつ金持ちだよな」と見られているわけで、数年後、本当に彼は億万長者になったのです。

彼は見栄っ張りなのではありません。**マインドが〝お金持ち〟なのです。**お金持ちならどういう行動をするのかを考えて、それに沿って生きるようにしていたら、現実が追いついてきたのです。

これは、「マインドを変えれば結果も変わる」ことの一例です。

お金持ちに見られることを否定することはお金を否定することにつながります。

「私、本当は全然お金持ちの生活なんてしていないのよ」と言いたがる人は、言った時点で言霊の力がありますから、本当にそれが成就してしまうということを覚えておいてください。

私も以前は貧乏自慢ばかりしていました。働いても働いても貧乏でしたし、暇もないし、毎日家計簿をつけていて、お金がなくなっていくことに心を痛めていると、なぜかさらに赤字になっていく……そんな日々を過ごしていました。

そんな時代を経て、私のお金の廻り方が変わってきた理由は、いくつかあります。

まず、お金があまりなくても、豊かに見えると言われたら、**一切それを否定しないで受け入れ、貧乏自慢や安物自慢をやめることにしました。そう！一切やめました。**

そして、お金に関係することすべてを否定しなくなりました。

たとえば、よく口に出して言っていたこんな言葉もやめました。

「食べていけるだけのお金があれば幸せなのよ」とか、「お金で幸せは買えない」とか「世の中お金じゃないのよね」という言葉です。

これらの言葉を使わなくなってから、私は運気が大きく変わってきました。お金の不安がなくなり、お金の不安がなくなると、なぜか赤字もなくなり、心も豊かに、経済的にも裕福になりました。

そんなふうに、言葉や思考を変えるだけでお金のブロックがなくなり、お金がらみで苦しい思いをすることがなくなってきたのです。

先ほどの起業家の例を考えてみれば、「**金持ちになりたければ金持ちのように振る舞え**」です。

よく聞く言葉かもしれませんが、これは真実なのです。

POINT

お金持ちに見られたら受け入れる

RULE 15

たくさんのお金を「天の銀行」に預けているとイメージする

先ほどのお金を否定する口癖に加えて、私はこんな口癖もやめました。これが一番大きかったと思います。

それは、**「お金がない」**という言葉です。

「引き寄せの法則」と聞きますと、何かいいことを引き寄せるイメージをお持ちの人もいるかもしれませんが、**実はネガティブな要素もかなり強力に引き寄せる力があります。**

「お金がない」と心から思い込んでいれば「お金がない」という事実を、「お金に対する恐れや不安」があれば、「お金に関する恐れと不安」の現実を引き寄せてしまうのです。

今の世の中はなんと「不安に思う材料」が多いのでしょう!

たとえば……。

2019年10月から消費税が10%に引き上げられるというニュースに、人々は怒り、恐れ、不安を抱いています。新聞にもそういう不安をあおる見出しが載っていて、消費者は不安がどんどんふくらんでいます。

こうなると、一部の人たちは、「不景気になるからもっともっと節約しなきゃ」「もっと財布の紐を締めなきゃ」と必然的に思い、実行しはじめることで、お金廻りが滞り、もっともっと不景気に貢献してしまうことになるのです。

さらに、今度はそうした節約の気持ちが、「自分は貧しいのだ」というセルフイメージをつくり、もっともっとお金の遣い方が貧乏思考になっていくのです。

「引き寄せの法則」は単純明快で、自分が焦点を合わせているものを引き寄せ、それを受け取ります。

つまり、「お金がないない！」という思いは、「お金のない状態」を引き寄せ、「これから先、経済的に不安定になるわ……」という思いは、「経済的に不安定な生活」を引き寄せるのです。

そこでぜひ今ある状況を楽しみ、お金持ちの思考で暮らしを楽しんでみてください。別にキャビアを食べなくても、フォアグラを食べなくても、目の前にある白いご飯に納豆というおいしい食事に感謝していただく。……それらの食事だって、なんと贅沢なことでしょう！

実際、私はこういう簡素な食事が大好きです。焼き魚、味噌汁と納豆と漬物を食べているとき、すごく幸せを感じます。

10年前の私の状況は、他の人から見たら経済状態は大変貧乏なものでした。元夫は会社を辞めていましたし、マンションのローンだってありました。ＦＸ

で失敗していっきに200万がなくなったこともありましたし、貯金もわずかしかありませんでした。

しかし、そのときでさえ、私はマイナスのほうに焦点を当てておらず、常に満たされている豊かさにフォーカスしていたので、ほんの数年後には、我が家の収入は元夫が最初にもらっていた給料の10倍以上になりました。

地球にはお金がたくさんあり、それは自分の天の銀行に預けている感覚でしたから、不安はなかったのです。

お金を引き寄せるのはいたって単純。

何度も言いますが、大切なので繰り返します。

それは、**お金を「ない」とは言わず、お金は「たくさんある」と信じる**のです。

信じるも何も実際、今自分の手元になくても世の中には有り余るほどのお金があります。

これは事実です。

その有り余るほどのお金とパイプが繋がるだけで、私たちには文字どおりお金が舞い込んでくるようになります。
お金の流れをつくるのは「思い込み」だけなのです。あなたがどう思っているかが、現実としてあらわれるのです。

POINT
「お金がない」と意地でも言わない！

RULE 16

「心地いい管理」をする

私は2009年に個人事業主となり、2010年に事業を法人化しました。その頃から私は、一切家計にはタッチしなくなりました。

それまでは私がお金の細かい管理をして、元夫にお小遣いを渡すということをしていましたが、いったんこのマネジメントをやめたら、とてもラクになりました。

しかし、最初は恐怖もありました。

元夫はお金を管理したことがなかったのと、あればあるだけ遣う性格だったため、収支のバランスがとれているのかどうか？　ということが気になってしまったのです。

税理士に出す書類もすべて元夫が作成してやりとりしてもらったので、今月いくらの売り上げがあって、支出がいくらだったかが、私がまったくわからないというのも、最初は非常に怖いことでもありました。

一方、元夫は私に対して、「人様の前に出る者としての自覚を持ち、ちゃんとした質のいいものを身に着けるように」と言って、私の服やジュエリーなどは、以前購入していた10倍以上のものをすすめるようになったのです。


たまには、金銭管理をしなければ、とも思いました。一方で、随分いろいろと買っているような気もするし……収支の実態を知るのが怖い自分もいました。しかし、その頃からでしょうか。不思議なことに、買うとお金が入ってくる、もしくは出すと入ってくる、というおもしろい法則がみられることが非常に多くなっていることに気づきました。

20万円、30万円という買い物、または自己投資をした後に、その金額がその日のうちにまるまる入金される、ということが何度も起きたのです。

たとえば私が行きたい、と思った心理学系のトレーニング講座代が70万円というものがありました。すると、受けたいな、と思って申し込みをしてすぐにその70万円が別のところから入ってきたり、コーチングの資格取得のために60万円かかったものの、翌月には60万円分の仕事が入ってきてペイできたり。

このように、出すと入る、ということがあまりにも多くて、これは驚くことではなく法則なのだということがわかりました。

しかも、おもしろいことに**ほぼぴったりの金額、もしくはそれに近い金額が入ってくる**のです。

そうしているうちに、入と出がピッタリ同じ金額という経験は、7桁単位のものでも、普通に起こるようになりました。

今までは、お金の流れをしっかり把握することに一生懸命で、それが逆に「ない」ことにフォーカスしている状態をつくっていました。その結果、お金が「ない」現実をつくり出していました。

ところが、お金の管理をやめたところ、お金に対してプラスの気持ちだけを持つことができるようになり、不思議とお金に困らない状態になっていきました。

ポイントは、私の意識が変わったことにあります。

前項でも申し上げたように、「ない」から「ある」へ変わったのです。

ここで誤解して欲しくないのですが、これはお金の管理をやめましょう、という意味ではありません。

私は昔からお金の管理だけはしっかりやっていました。家計簿もずっとつけていました。しかし、家計簿をつけると赤字が出た瞬間に気分が下がるわ将来について不安にもなるわで、管理することでお金に対して負の感情が湧いていた、ということが問題だったのです。

お金に負の感情を乗せないためには、あなたにとって一番心地いい感情でいられるような状況をつくることが大切なのです。

今やっているお金の管理が心地よくて、お金に対してもよいイメージが持てるなら、そのまま続けてみてください。

しかし、逆に不安や恐れやフラストレーションが生まれるような管理なら、もっと違う方法を試してみることをおすすめします。

それが私の場合は、たまたま管理から一切手を引くことでお金に対してよい感情が持てるようになった、ということです。

あなたにとっての心地いい管理状態とはどんなものでしょうか？

POINT

必要なお金は必ず入ると信じる

RULE 17

外側からお金持ちのセルフイメージをつくる

恐怖症を改善する方法のなかには大胆な療法があります。

たとえば、飛行機恐怖症の人に対して、バーチャルな映像で何度も何度もフライトのシーンを体験してもらい、それに慣れてもらう、というもの。

患者さんは最初、心拍数も上がり、手に汗握り、いつものように恐怖に襲われるのですが、それを毎週、何度も何度も体験していると、それに慣れてきて、心拍数も通常どおりになっていきます。そして、そのうち飛行機への恐怖がなくなり、通常のフライトが可能になっていくのです。

それと同じように、自分が行きたいと思うステージに何度も何度も身を置くというリアル体験により、それが自分には当たり前になってくる、そこが自分にとって居心地のいい場所になる、というトレーニングを私もしました。

たとえば、ホテルのラウンジで1杯1500円のコーヒーを飲むこと。

最初は、ファミレスのランチの2倍もするようなお金をコーヒー1杯にかけることはもったいない、と思っていました。つまり、自分は1杯1500円の珈琲を飲むに値しない人間だという、とても低いセルフイメージだったのです。

しかし、今ではホテルの高級なラウンジでコーヒーを飲むのが居心地いい状態、当たり前の空間になりました。

なぜなら、何度も何度もそこでコーヒーを飲み、そこで読書をして、そこでランチもしたので、そこは私にとって心地いい場所になったのです。

今では、そういうラグジュアリーな場所に宿泊し、心地よく過ごせるようにもなりました。昔なら考えもしなかったような状態です。

セルフイメージを変えるのに、週に1回、1杯1500円のコーヒーをホテルのラウンジにおしゃれして飲みにいく、ということを3か月も続けたら、どうなると思いますか？　本気でイメージしてみてください。

最初は違和感があり、落ち着かない場所だったところが、回数を重ねるうちに自分はそこでコーヒーを飲むのにふさわしい人間だと、当然のように思えてくるわけです。立ち居振る舞いも以前とはまったく違ったものになります。

この場合、3か月のコーヒー代は1万8000円です。その後は、きっと1か月に1回でも定期的にそこに行けば、そこで構築されたセルフイメージは崩れないことでしょう。

さて、**1万8000円で、セルフイメージが変わると考えると、このコーヒー代は高いでしょうか？　安いでしょうか？**

セルフイメージの変え方はたくさんあります。

内面を変えるのも方法論の一つかもしれませんが、外側から、実際の行動によって変えていく、というのは手っ取り早いので、おすすめです。

私が現在のマンションに住めたのも、何度も何度もその場所に足を運び、モデルルームのソファにゆったりと座り、そこで目を閉じて、バスローブを着て夜景を見ながらコーヒーを飲んでいる自分のイメージをワクワクしながら何度もした結果です。

実はそのときは、現実的にはこのマンションを買うお金はなくて、どこの銀行も貸してくれない状況でした。

当時住んでいたマンションにはあと25年のローンが残っていましたし、そのときは、会社をはじめてからまだ1年しか経っていませんでした。銀行がウン千万単位でお金を貸すかどうかは、会社の設立から3年経って、その3年分の決算書を見て判断します。ですから、本来なら貸してはくれません。

しかし、私は何度も何度もそのマンションに足を運びイメージしているうちに、「ここは我が家だ！　住めないはずはない！」と、確信さえわいてきました。

その数か月後、思いどおりに我が家になり、たしかにあのときに想像した、ソファでバスローブを着てゆったりと座っている姿が現実になったわけです。

さらに言えば、以前お金にカツカツだったときは、お財布に3000円から1万円くらいしか入れていませんでした。それを少しずつ、上げていきました。5万円……10万円……20万円……40……50……。常にお財布にお金がたくさん入っていますので、お店に入るとこう思うのです。

「**ここにあるたいていのものはほとんど買える。そっか、いつでも買えるんだ**」

こうして、買い物への強い欲望がなくなったのです。

昔なら、どれも「買えないから見ていると逆にうらやましくなってフラストレーションが溜まる〜!」というふうに、買い物やお金に関して負の感情を乗せていましたが、今は執着がまったくなくなり、豊かなセルフイメージになっています。

ここでもワンポイントレッスンです。あなたもぜひやってみてください。

一般的にはお財布には年齢の10分の1の金額を入れておくとよいと言われています（30代なら3万円、40代なら4万円）。その額の2～10倍入れてみてください。ドキドキしますか？　その状態に慣れるのです。「自分はそれくらい持つのにふさわしい人間」と思い込むトレーニングになります。

リアルに何か行動することで、本当にセルフイメージやマインドは変わっていきます。脳内イメージングだけでなくリアルな体験をすることは、イメージング力も上がりますので、本当におすすめです。

このように体感できることを実際にやりつづけていますと、その場所にあった周波数を自分で発するようになり、**最終的には、お金持ちの周波数のステージに自分も到達するようになるのです。**さて、あなたは何からはじめますか？

POINT

お金持ちを体感すると
その周波数を自分でも発するようになる

RULE 18

お金に嫌われる行動はしない

以前、私はお金に嫌われていました。

これまで書いてきたとおり、お金に対するブロックがあったために、お金を儲けることに嫌悪感があったり、お金持ちに小さな妬みを抱いていたり（そのときはそんなつもりはなかったのですが）、はたまた、仕事を本気でやらなかったり、借金があったり……。

すべての借金が悪いわけではないのですが、一部の例外を除き、お金を借りた側は、貸し手に負い目がある立場です。借りたものを本気で返そうとする努力を怠り、決められた期日に返さなかったり、約束を守らなかったりするのは言語道断。一生お金に苦労することになるでしょう。

借りたものは返す。当然の話です。

でも私はそれを軽く見ていたことがあったのです。当然の報いとして当時、お金はあまりありませんでした。

30歳で離婚したとき、お金が本当になくて、しかしどうしても車が必要で、親には頼りたくなかったので兄に50万円借りたことがありました。毎月3万ずつ返す約束で。そして、残額3万円になったとき、なんとなくそのときお金がなくて甘えて返しませんでした。「ま、3万円くらいいいか……」とあやふやにして返さないつもりになってしまったのです。兄も、私に甘かったので「ま、しょうがないか」と大目に見てくれていました。

……しかし、今思えばそれはお金にも失礼で、お金を貸してくれた兄にも大変失礼な話です。あとで、ハッ！　として、すぐに返済しましたが、こういう小さなことは、大きなことに繋がっていくものです。格言にあるとおりです。

「小さな事柄に忠実な者は、大きな事柄にも忠実です」

1億円は、1円足りなくても1億円にはならないのです。この1円を大切にする気持ち、これがお金に好かれる基本であり、そして、1円を軽く扱う態度がお金に嫌われるものになるのです。

主婦の立場で考えてみましょう。

もし、ご主人が働いてくれているその働きゆえに、自分の生活が成り立っていることへの認識や感謝の念が薄いならば、お金に好かれることはないでしょう。

そして、もし自分が雇われている立場にもかかわらず、雇用者からお給料を頂戴していることに感謝もしないで、目を盗んでサボっているようであれば、それもまたお金に好かれることはないでしょう。

お金に好かれないばかりか運気がすごく下がって、職を失う可能性だってあります。お金は、天下の廻りものなのです。文字どおり廻っているのです。出ていくお金は快く送り出すべきで、そこでもしお金をしぶしぶ出していたならば、それもまたお金に嫌われる行為でしょう。**お金というのは基本的に廻るのが好きなのです。**

さて、あなたはお金に嫌われていませんか？　次のチェックリストをやってみてください。

- □お金儲けに罪悪感を抱いている
- □借りたお金を返さない
- □1円を大切にしない
- □お金を頂戴していることに感謝しない（感謝は言葉ではなく行動にあらわれます）
- □雇われているのにサボる傾向がある（雇用されているのに働かない）
- □お金が儲かっている人のことを妬む

□お金は貯めるもの！　と思い込んでいる
□支払いをするときにため息をつく

お金は非常に素直な行動をとります。
次の Chapter 以降で少しずつその点について詳しくお話ししていきますね。

POINT

お金に愛されるために、小さなことも忠実に

RULE 19 言霊の力でセルフイメージを書き換える

当社で販売している商品で「Mind Switch（マインド・スイッチ）」というアファメーションのCD商品があります。

これは、言霊の力を使って潜在意識に新しいポジティブな考えを刷り込むもので、特殊音源を使って潜在意識の扉を開く仕組みになっているものです。

この商品には、お金に関するアファメーションCDも入っているのですが、「お金のCDがすごくいい！」とか、「聞いていて心地よい！」とか、「なんだかお金がどんどん入ってくるような気がしていたら、本当にお金の廻りがよくなった！」とか、「お金に対する見方が変わってお金に対する不安がなくなった！」という感想をたくさん頂戴しています。

しかし、なかには「どうしても聞いていてしっくりこない」とか「ちょっと言葉にモヤモヤする」「他のCDは心地よく聞けるのですが、お金のアファメーションだけは、聞いていて心がザワザワする」という方もいらっしゃいます。つまり聞いていて違和感がある人もいるのです。

「とってもいい！」とか「もう、ワクワクする〜」という感想を頂戴している方の共通点ですが、お金のブロックがない、すでにお金持ちの方々でした（リアルに知っている人々を分析した結果です）。もしくは、小金持ちか、またはお金に対する抵抗がなく、これからそちらに向かっていく予備軍、のような人々。

そして、なかなか心地よく聞けない、と言われる方々は、まだどこかにお金に対するブロックを持ち、お金と負の感情をリンクさせているのです。

このように、ポジティブな言葉であっても、受けとる側の状態によって、ポジティブに受けとることができないことがあります。

もちろんその抵抗感やブロックは、CDを繰り返し聞くことで徐々になくなっていくのですが、実は自分でも外すことができるものです。

これまでの潜在意識に形づくられた価値観や思い込みを新しいものにインストールしなおすことによって、ブロックが外れていくのです。

そこで活用してほしいのが、自分でするアファメーションです。

アファメーションとは肯定的断言のことで、**自分に対してポジティブな言葉がけを繰り返すことで、セルフイメージを良い方に書き換えること**ができます。一種の認知療法です。

つまり、あなたが刷り込みたいと思っているお金に対する姿勢、マインド、思い込みを、アファメーションによって新たにインストールできるのです。

また、言い切ることが大切ですから、「～だったらいいな」とか「～になりますように」のような希望を伝える語尾ではなく、「～だ」「～です」のように、語尾を言い切る形にするのがポイントです。

いきなり「私はお金持ちです」と言うのに違和感がある方は、現在進行形の言葉に直して言ってみてください。たとえば、**「私はお金持ちになりつつある」**という形にするのです。

そのように、お金から連想する言葉たちを、ポジティブな場合はそのままで、ネガティブな場合はポジティブに転換して、何度もアファメーションしてみましょう。

このアファメーションの言葉が違和感なく言えるようになったときに、あなたのセルフイメージは一歩前進したことになります。

ぜひ言霊の力を活用してお金のブロックを外し、心地よいメンタルをつくっていきましょう。

ここまでのところで、あなたのなかにあるブロックの外し方について、いくつかの方法をお伝えいたしました。

必ずトライしてみてください。

ブロックがあるままでお金持ちマインドを形成しても、アクセルとブレーキを一緒に踏んでいることになるからです。
次は、あなた自身の毎日が信じられないほど変わっていく、お金に好かれる習慣についてご紹介していきましょう。

POINT

今日からアファメーションをする

お金を引き寄せたクライアントさんの体験談②

夢のサロンがオープンできた！

東北の盛岡でまつ毛エクステサロンを経営しているクライアントさんの経験です。

彼女が私にコーチングを申し込んできたときには、まつ毛エクステサロンは別の仕事をしながらの掛け持ちでした。

しかし、震災がきっかけで会社がなくなり、エクステサロン1本でやっていくことになりました。

周りの人々からは「無理だよ」「難しいよ」といわれつづけていましたが、私だけは、「大丈夫！　できるよ」と常に彼女に伝えていました。

何度も伝えるうちに彼女自身も「そうなのかな？　そんなに難しいことではないかも」と思えるようになっていったそうです。

すると、願いがどんどん現実化するようになっていったのです。

サロンの商材を買うときは、以前はため息まじりで負のエネルギーを乗せていたそうですが、今では「すぐにお客様がわんさか来て、これはすぐに売れる！」というイメージを持って買うようになって、実際にお客様がどんどん増えて業績も上がっていき、お金に困ることもなくなりました。

さらに、自己投資するお金の余裕もでき、お客様を他のサロンさんにまわしてあげる余裕もできたそうです。

以前ならどこか勉強会に行くときには、高速バスを使って移動していたのですが、今では気にすることなく新幹線で移動できるようになり、その際、高級ホテルをも利用できるようになったのです。

今、彼女は次なるステージに向かって進んでいます。

Chapter 3

「9つの習慣」をつければ、すべてはうまく回り出す

RULE 20

判断基準は「欲しいかどうか」

季節の変わり目でのバーゲン、よく行きますか？　私も気が向けばのぞいてみることもあります。

しかし、シーズン中に欲しかった商品はほぼない。「ないけど、50パーセントもオフって、買わなきゃ損じゃない？」というのはお金が引き寄せられない貧乏思考です。

買い物は損得でするものではありません。

欲しかったら買うのが買い物。安いから買うのではないはずなのに、バーゲンの場面になると、ついつい流されてしまうのではないでしょうか。

バーゲンという言葉のそもそもの意味は、「掘り出し物」とか「見切り品」です。チラシには「在庫一掃セール」などと書いてありますが、要は売れ残りなわけで、そのなかで掘り出し物に出会うためにバーゲンセールに行くのです。

しかし、その奇跡の一品に出会う確率は、時間をかける割には、とても少ないと思いませんか？

最近流行のアウトレットモールで売っている商品も、店員さんが堂々と「これはアウトレット用につくられた商品です」なんて言うものですから、本当にお得なのか、はじめからそういう値段設定なんだか、もう訳がわかりません。

ですから、値段で選ぶと本当の価値が見えなくなります。

おすすめは、買い物するときには、最初に値札を見て判断しないこと。選ぶとき、貧乏思考の人は、値段を見てから服を選ぼうとします。

あなたは素材やサイズを確認するフリをしながら、真っ先に値段を見ていないでしょうか？

そうすると、値段というハードルがフィルターになり、買える値段、買えない値段、といった具合に、何かを選ぶ価値判断が「欲しい欲しくない」というものではなく、値段の奴隷になってしまいます。これでは直感の声を無視した選び方になってしまうのです。

ですから、服を選ぶときは、素敵か？　ときめくか？　欲しいか？　ワクワクするか？　着てみたいか？　などをまずは判断基準にすると、自分の美的感覚も鈍らないものです。お財布との相談は、それからにしましょう。選択肢がドーン！　と広がりますよ。

実際のところ、お気に入りの服との出会いが一番多いのは、シーズンの商品が出揃ったあたり（各シーズンの2、3か月くらい前）ですから、そのときに判断するのが一番です。

食事をするときも同じ。安いから、高いからじゃなくて、食べたいかどうかを判断基準にする。

こういうことを書くと、反論も出るかもしれません。

そんなことをしていたら、家計がもちません、とか、遣いたいだけ遣っていたら管理ができなくなるでしょ、など。

しかし、**その思考が貧乏を呼んでいる**、ということなのです。

なぜならお金は、完全に「思い込み」に支配されているからです。

お金は豊かにあって、欲しい分だけ自分に入ってくる！　というよい思い込みであったり、逆に、お金は汗水流して働かないと自分のところには入ってこないもの、という思い込みであったり、これらの思い込みがあなたの今の家計状態をつくり出しているのです。

無計画にどんどん遣いましょう、ということではなく、自分が最も心地よく、気分が上がる選択を優先していきましょう、ということです。

満足度が上がれば無駄な買い物もしなくなります。

貧乏思考脱出のためには、**お金に左右されないで、「欲しい」という自分の感覚に従ってみてください。**

きっと少しずつ何かが変わっていきます。

また、二つのものでどっちを買おうかと迷ったときも、値段に左右されずに心から欲しいと思えるものを選ぶようにすると、物への愛着とその後の扱い方にも影響が及んでいくことでしょう。ひいては、「物を大切にする自分」という自尊心にも繋がっていきます。

自分の価値は自分で決めるのです。

自分にふさわしい価値を感じるとそれが自尊心になり、お金を遣うときにもよい影響が及びます。無駄な買い物をしなくなり、お金を大切に遣うことに繋がってくるのです。

というわけで、ものを買うときのお金の遣い方、ぜひ参考にしてみてくださいね。

POINT

買い物の極意は自分の心の声を徹底的に吟味すること

RULE 21

長財布がよいわけではない

金運を上げるためのお守りやお札、おまじない、お財布などについても、ちょっとお伝えしたいと思います。

たとえば、金運を上げるのに長財布がいい、などと言われていますが、実は長財布でも折るタイプのものでも、まったく関係ありません。

驚かれる方も多いですが、**すべては思い込み**なのです。

長財布だとお金が豊かになる！　と思い込んでいる人は、豊かさのほうに向かっていきますし、そんなのまったく関係ない！　と思っている人は、関係のない結果になるのです。

このお守りを持つと金運が上がるのよね、と思っている人は上がり、そんなの持っていたってお金なんて入ってこないよ、と思っている人はそのとおりの現実を招きます。

一時期流行った満月に向かってお財布をフリフリする行為も、それをやると自分には臨時収入が入ってくる、と心から信じてやった人の元にお金が入ってくるのです。

でも、別に満月に向けて振らなくても、自分なりのジンクスでそれを心から信じてやれば、その信じたことは現実化します。

つまり、お金に関するいろんなおまじない的なものはあるものの、**結局はあなたが信じていることが現実化するのです。**

お財布だって1~3年で買い替えるようにとよく言われていますが、気に入って大切にメンテナンスして、このお財布だと金運がいい！　と思い込んでいれば、そうなるのです。

私も以前使っていたお財布は7年使いましたが、新品のように美しいままでしたし、そのお財布を使っていた間にどんどん金運も上がっていきました。

「お財布はホテルのようなもの」と表現される方も多いと思いますが、新しいホテルだけがいいか？　と言ったらそうではないですよね。

よく手入れされたホテルは、10年たっても20年たっても心地がいいものです。

私が東京出張の際によく利用するホテルは、とても心地のいい空間ですが、しかし、実に20年以上の年月がたっています。でも、新しいホテルにない落ち着きと安心感が得られるのです。


お財布がお金にとってのホテルなら同じこと。

そのお財布が好きで愛着を持っていて手入れをしているなら、お金たちにとってもその財布のなかは居心地のいいホテルとなっていることでしょう。

お金を粗末に扱う、ということは自分も粗末な扱われ方をされてもいい、という無意識レベルでの思い込みになりますから、そこはご注意を。


私は、お金をポン！　と放り投げる人が嫌いです。

お金のみならず、ものを大切に扱わない人も嫌いです。
そういう人は人間をも雑に扱うからです。
そのような人が豊かになることはまずありえません。

POINT
「このお財布、金運がいい！」と思い込めば
そのとおりになる

RULE 22

普段使いのものは厳選してお金をかける

私は震災以来、ものを購入する、ということが激減しました。物欲が減って、ものがあまり欲しくなくなったのです。

何かを購入する際には、本当に気に入ったものだけを厳選して、買ったからにはタンスの肥やしにするのではなく、ちゃんと使うようになりました。買い物のメリハリがはっきりするようになったのです。

たとえば、お茶碗1個に1万円払うのは、もしかしたら高く感じるかもしれません。カップ&ソーサー1客に2万円はあり得ない、と感じるかもしれません。以前の私はそうでしたから、その気持ちはすごくわかります。

洋服ならいかがでしょう？

実際のところ、普段着のジャケットやスカートに10万円かけたとしても、着る機会も多く、使いまわしもできるものなら、1回のランニングコストが低くなりますよね？

よく使う、時計もかばんも同じです。

時計は毎日身に着けるものですから、50万円の時計を買ったとしても、20年使ったら、1か月のランニングコストはたったの2083円です。ハイブランドの時計は、流行に左右されないものが多いので、20年以上使えるものはとても多いのです。

5万円の時計を、流行遅れなどで2年しか使わなかったら、1か月のランニングコストは同じ2083円です。同じランニングコストだったら、50万円の時計と5万円の時計、あなたなら、どっちを買いますか？

また、100円均一のお店で買ったお茶碗を扱うのと、1万円で買った、職人さんの魂が込もったお茶碗を扱うのとでは、自分の所作も違ってきます。丁寧にやさしく、女性らしく……そのような扱いになるでしょう。

そして、やはりいいカップで飲んだコーヒーの味は、「氣」の込め方が違うのか、味も格別に違います。そして、満足感が違う訳です。目で味わい、器の手触りで味わい、香りを味わい……いいものを使っていると五感が冴えてくる、というのを実感します。

気に入ったものではない妥協で買った器たちを食器棚にごちゃごちゃと数多く置くのと、本当に気に入ったものだけを少なく持ち、一つひとつを大切に扱うのとでは、生活が違いますよね。普段使いにいいものを使うと、どんな変化が起こると思いますか？


私の知人は、震災で食器の9割が壊れた、と言っていました。しかし、震災から1年以上たっても、その残りの1割の食器で生活は間に合っているとも言っていました。

この経験は、どれだけ私たちが、必要のないものまで多く持っているか？ということを教えてくれます。

そして、もし……もしですよ。**その1割の食器で生活が充分間に合うとしたら、いいものだけを持ち、毎日の普段使いにもいいものを使っていれば、もっともっと気持ちよく過ごせると思いませんか？**

あなたもご存じのとおり、安物とはあまり長く付き合えませんし、大事に扱うこともありません。逆に、高いものや気に入ったものは長く使って、扱い方も丁寧になります。

いいものを大事に長く使うために、お金のかけるところを見直してみるのもいいかもしれません。

POINT

本当に気に入ったものに囲まれると丁寧に生きられる

RULE 23

「目に見えない」ものほど大切にする

人によって、食にお金をかける人、持ち物にお金をかける人、もしくは見えない心の栄養補給という意味で旅行する人、ボディメンテナンスにお金をかける人……それぞれ価値観は違うことでしょう。

そして、それに対して「くだらない」とか「いい」とかの判断もできません。

その人が価値を感じていることは、その人にとっては真実だからです。

どんなジャンルであっても、お金をかけたら、得られるメリットは必ずあるものです。

なぜなら、お金を送り出すことでなんらかの満足感を得られるからです。

とはいえ、最近の自分はお金をかける部分が変わってきたように感じます。以前は、目に見える部分にお金をかけたいと思っていました。今でもそう思いますが、多少違ってきた点は、目に見えない部分に対しても、より積極的にお金をかけるようになってきたことです。

目に見えない部分のなかには、仕事のスキルアップに関することや、自分を高めるような本を買うこと、セミナーに行くことなども含まれます。

もちろん、肌で感じる「氣」がいい場所にお金をかけていくことも気分を上げてくれるので、お金持ちマインドを育てるにはとてもいい方法です。**心地よい場所と空間の「氣」を感じ、満足感を味わえるから**です。

こうした経験は、自分の感受性を豊かにするのにも役立ちます。

以前の私は、そういう部分は節約していましたから、こうした自分への投資をもっと若い頃にしていれば、セルフイメージがもっと早いうちに上がっていたのに……と今では悔しく思います。

本当のお金持ちは、目に見えるものではなく、**経験にお金を遣うのです。**そして、経験によって得られた感性や知恵というものは、失われることがないのです。

以前、初めて金沢に行ったときのこと、茶屋街でお抹茶を飲んだとき、お抹茶と和菓子にお金を支払ったという感じよりも、明らかに空間にお金を支払っているという感覚がありました。

その空間から漂う素晴らしい和の演出が、お抹茶と和菓子のおいしさを上げてくれる感覚がしました。たしか、1000円ほどのお抹茶セットでしたが、古い建築物を見る、という見学料とそこの素敵な空間にお金を支払ったと思えば、なんとお安いのでしょう……と思いました。

「自分が本物になりたければ、本物に触れなさい」とは、よく言われています。

つまり本物は本物の氣（周波数）を発しているから、それを吸収しなさい、ということですが、**氣のいい場所というのは、私たちを成長させてくれるもの**でもあるのです。そこで私は、空間からよい氣が感じられるようなところに身を置くことにお金をかけるようにしています。

文化を感じたり、何かを学んだり、芸術に触れたり、自然と触れ合ったり、美しいものを体験することにお金を遣うことは、私たちの女性としての感受性を高めてくれます。それを何度も繰り返すうちに、自分もそこにふさわしい人であるという認識に変わってきます。

また、いろんな上質な家具、食器、絵画、内装に触れるうちに、上質なものと普通のものとの違いがわかるようになってきます。つまり、目が肥えてくるのです。

そうしますと、言葉遣いや立ち居振る舞いも少しずつ変わってきて、空間になじんできて、もっと楽しめるようになります。ですから、気後れすることなく、積極的にどんどん素敵な場所へ出かけていきましょう。

POINT

氣のいい場所には進んで足を運ぶ

RULE 24

トイレ掃除は金運アップの最低条件

金運アップと言えば、言わずと知れたトイレ掃除。いつの時代でも効果がお墨付きの方法ですね。

家庭における男性のトイレ作法は、最近では約半数の男性が座って用を足してくれるようになったようで、お掃除もしやすくなりつつあるようです。

ちょっとした豆知識ですが、男性の小は、飛び散りがすごいそうです。ある実験で大体50センチ四方にしぶきがはねかえっていることが確認されたそうですから、床にも両側の壁にもドアにも飛び散っているようです。

さらに最近では、トイレの蓋を閉めずに水を流すと、尿便の菌が2メートル近く飛ぶことがわかっているそうです。臭いということは、元をただせば、その物質の微小な分子ですから、菌や匂いの微粒子やらが水を流すたびに壁についていたっておかしくない話ですよね。

つまり、トイレの壁もかなりのチェックポイントと言えるでしょう。トイレ掃除と言ったら、便器や床くらいしか拭かない、という状況ですと、もちろん壁やドアからも雑菌が繁殖してアンモニアの匂いが染みついてしまいます。

トイレに悪臭がなくていつもキレイ、というのは、運気にも当然関係してきます。中国の運命学の「命理学」と呼ばれているもののなかには、「運とは環境である」とあります。

トイレについてのおもしろい調査がありました。「キレイなトイレ」と「残念なトイレ」の人々を比べたら、**キレイなトイレの人々は残念なトイレの人々と比べて、世帯年収で90万ほど多かった、という調査結果が出ていたのです**（ライオン株式会社　2011年調査より）。トイレの清潔度とお金の関係って本当なのです。

運気を上げるには、環境をキレイにしていることが条件となります。環境学の一つとされている風水でも、トイレはとても重要な場所とされていて、財運と密接な関係があるそうです。

また、トイレは、「陰の氣」がこもりやすいと言われています。入った途端、嫌な感じがするトイレは陰の氣が蔓延《まんえん》しているトイレなのだそうです。

しかも、トイレは排泄の場所なので、油断しているとすぐに陰の氣がこもってしまいます。トイレは、〝特に〟〝常に〟気を遣ってやらねばならない場所なのです。

この場所を陽の氣のとおる場所にするには、まず、掃除を徹底的にして、さらに換気をしっかりすること。備品もキレイにしておくこと。特にマットなどは匂いの原因にもなるので、こまめに取り換えることが必要。トイレ掃除用具も新しいものに換えるといいでしょう。

それでもまだ何か嫌な感じがするなら、照明を明るくしたり、炭や観葉植物を置いたり。インテリアでも氣が変わるので、明るい色のものに取り換えるなどして、工夫するといいでしょう。

拙著『1週間で美人に魅せる女《わたし》の磨き方』（かんき出版）のなかでは、3つの「朝ベン」、**朝の勉強、朝にお弁当をつくる、朝に便所掃除をする、の3つを習慣化することで、人生が変わる**と書きました。

話は変わりますが、一時期、『トイレの神様』という歌が流行りましたよね。トイレの神様って本当にいるのでしょうか？

ここで一つ私の兄の経験を。兄は経営者です。とても面倒くさがり屋なのですが、好奇心旺盛なところがあり、トイレ掃除をすると金運がアップする！というのを聞いて、実際に毎日トイレ掃除をしてみることにしたそうです。今までトイレ掃除なんてしたことがなかった兄が……。

すると、その日から停滞していた仕事が急にバンバン入るようになってきたそうなのです。おまけに今までなら値切られたり、集金に行っても支払いが悪かったりするお客様がいたのに、その日からは、寛大で礼儀正しいお客様にばかり恵まれたそうです。

その経験をした兄は私に、「トイレの神様は本当にいた！」と言っていました。やはり、トイレ掃除と金運は切っても切れない関係なのかもしれませんね。
できれば朝にトイレ掃除をすることで、1日をすがすがしく過ごしましょう。気持ちのいい波動は自分にとっての気持ちのいいことを引き寄せますので、これもまた金運アップに繋がります。トイレの神様もきっと喜んでくれることでしょう。

POINT

朝はトイレ掃除で気分リフレッシュ!

RULE 25

「お金がないからできない」と言い訳しない

私がやっているコーチングでは、はじめにクライアントさんに、「やりたいことリスト」を書いてもらっています。

リストを書いてみると、ワクワクする一方、なかには気分がドーンと落ちる人もいるようです。

なぜかというと、お金がないのでできないと考えるため、「やりたいこと＝実際にはやれないこと」と自分で決定してしまうからです。

しかし、本当にやれないことなのでしょうか？　自分がやれないと思うということは、本当のところはやりたいことじゃなかったのかもしれません。本気でやりたいことは、無意識でも脳内でやれる方法を探すからです。

たとえば何かの資格が欲しい場合、または海外旅行や留学といった、まとまったお金が必要な場合はどうでしょうか？

私が今まで学んできたトレーニングや資格の数々は、1つに対して30〜100万円ほどの金額がかかっています。

昔なら、金額だけで、「あ、無理〜。やーめた！」となっていた訳ですが、今はお金が入ってくる仕組みがわかったので、さて、じゃあ、その100万円はどうやって降ってくるのだろう？　と考えるのです。

ちょっと金額が大きいので、もうちょっと一般的な金額を考えてみましょう。

何かを学ぶのに、30万円が必要だったとします。


「30万円＝高い」という図式はもうやめましょう。

「30万円＝どうやって捻出《ねんしゅつ》するか？」です。


「やるかやらないか？　やれるか？　やれないか？」ではなく、「やる」と決めて、そのうえで費用の計算をしていきます。

まずは、その30万円を一気に払うのか?

それとも、コツコツ貯めてから支払うのか?

または、蓄えがまったくないので、副業などをして30万円を貯めるのか?

親から借りるのはどうだろう? 夫にお願いして、貯金を使うのか?

天に向かって、「神様ください!」と言ってみる(笑)? これも結構効果ありです。言った後は入ってくるのを心から信じるのです。


方法は探せばたくさんあるものです。

そして、資格を活かす、という観点で考えてみると、いつかその資格や学んだこと、そして得られたことなどは、あなたの人生において、行動を起こすための大きな動機づけになったり、ビジネスにつながって元が取れたり、大きな学びがあって行動力が上がったり……などなど、いろいろな未来が見えてきます。

ですから、30万円の自己投資は決して高いものではありません。

途中で飽きてやめてしまったらどうしよう……と足踏みして、結局何もやらなかった人生よりも、たとえ途中でやめてしまったとしても、とにかく着手した、というほうが、死ぬときの後悔も少ないことでしょう。

「やりたいことがあってもお金がないからできない」は単なる言い訳でしかありません。**本当にやりたいなら必ずやれるのです！**

月に1万円の節約と、月に1万円余分にバイトするだけで、10か月で20万円貯金でき、足りない分は過去の貯金でまかなう。そうすれば30万円のハードルは低くなることでしょう。

また、受講費を分割できるところも多いので、少しずつ支払いながら学ぶこともできます。

自分の精神衛生上よいほう、そして自分に向いているほうを選べばいいのです。

しかし、何にしろ費用をしっかり計算することは必要。後先考えずにお金を遣うのはおすすめしません。

大切なお金ですから、大切な事柄に使いたいものですね。

そして、こう思うようにするのです。

「私には、そのお金をかけるだけの価値がある」

やりたいことにお金をかけるようにすると、お金は後からついてくるようになります。

POINT

「やれるか？」ではなく「やる」と決めて捻出法を考える

RULE 26 「ウェルカムゴールド」で金運アップ

以前、富裕層の友人から、お金にまつわることをたくさん教えていただきました。その方は、それはそれはお金を大切にされています。

- お財布は1年に1回買い替える
- お財布には新札しか入れない
- 他人に渡すお金は必ず新札にする
- 縁起のいい日にお財布を買う、または使う

などなど、お金にまつわるルールがたくさんありました。

あるときその友人は、金の延べ棒を一度だけ買ったときに、「この金は、私のウェルカムゴールドです」とおっしゃっていました。

ウェルカムゴールド!! 初めて聞く言葉でしたが、あまりにもその言葉の響きがよく、すごく気持ちのいい言葉に聞こえたので、興味津々でお話を聞いてみました。

ウェルカムゴールドとは、金(かね)を呼ぶ金(きん)のこと。

これはもう、ピーン! ときました。そして、いつも身に着けていられるアクセサリーをウェルカムゴールドにしようと思い立ったのです。

好きなアクセサリーを毎日身に着けていられるなら、気分も上がり波動も上がります。

波動が上がれば、運気が上がる。
運気が上がれば、金運が上がるのです。

その後、実家の掃除を手伝っていたとき、母が「もういらないから」といってイタリア製のゴールドのネックレスをくれましたので、これを私のウェルカムゴールドにしました。今ではそれが母の形見となりましたが、私の唯一のウェルカムゴールドです。

あなたもウェルカムゴールドを買ってみませんか？

金貨でもいいですし、アクセサリーなど身に着けられる何かでもいいです。

そして、それを持つこと、身に着けることにワクワクと喜びの感情を乗せる。ウェルカムゴールドは、きっとあなたにお金を呼び込むパートナーとなることでしょう。

POINT

普段使いにウェルカムゴールドを加えてみる

RULE 27

どこにフォーカスするかで「お金のパイプ」の太さも本数も変わる

お金持ちになりたいと思う人の多くは、すぐに結果が出る方法ばかりを模索しがちです。

しかし、実際には、お金は何かをしたからすぐに得られるというものではなく、自分の発するエネルギーやステージにあった方法で入ってくるもの。

ですから、目先のお金が手に入る方法に飛びつかず、まずは自分のエネルギーを高めること。そして、10年計画でお金が入ってくるパイプの数を増やし、パイプそのものを太くする方法を一生懸命模索していれば、お金はおのずと増えてきます。

もし早く結果が得られず、そのことにがっかりしてしまうことがあるなら、それはあなたの貧乏マインドをつくってしまいます。

なぜなら、「私はお金を稼ぐのが下手だ」「私はお金に愛されなかった」「うまくいかなかった」などのような失敗体験が根強く残り、お金に関するマイナスのブロックをどんどん大きくしていくからです。

また、そういう傾向がある人は、人と比べるクセもあります。「あの人は成功しているのになんで私はうまくいかないの」とイライラしたり、がっかりしたりして、ますますお金の負のスパイラルに陥っていきます。

ですから、覚えていてください。

一発大逆転のように、**お金は一気に舞い込んでくるというよりも、階段をゆっくり一段一段上がるかのようにステージが徐々に上がっていくものなのです。**

そのスピードは人によって違うのかもしれませんが、たいていの場合は、一つステージが上がって慣れてきたら、また次のステージという感じで上がっていきます。

お金の遣い方もステージが上がるごとにうまくなっていきます。それにつれてセルフイメージも上がっていく……。

私は今の世界に入ってから基盤ができるまでは、目先の儲けよりも数年後のお金のパイプを太くするほうにフォーカスしていました。

はじめてセミナーを行った年、全国5か所でプログラムを開催しました。その後14か所まで増えていきましたが、セミナーでの収入よりも認知をしてもらう、ということに重きを置いていましたので、地方都市などでは赤字が出ることもありました。

しかしながら利益があまりなくても果たすべきことが何かがわかっていたので、何も心配はしていませんでした。こうした活動は次なる年に必ずプラスになることも確信していたからです。

翌年もその翌年も、ブレることなく同じことをせっせと行っていましたが、お金のパイプはどんどん太くなり、セミナー収入だけでなく、コーチングのセッション数や教材の販売、その他の収入が予定どおり、いや、予定していた以上にどんどん上がっていきました。

また認知という意味では、現在のところブログをメインに仕事を行っていますが、アクセス数も月間で安定して300万アクセス以上、訪問者は1日平均3万人以上という数になり（2018年2月の時点でのアメーバブログのデータになります）、そして、その結果、海外でのセミナーも可能になったり、立て続けに本の出版に恵まれたりといった方向へ繋がっていきました。

それに伴って、また自社の製品が売れたりと、お金のサイクルがどんどん廻るようになっていったのです。

もし、目先のお金を得ることだけにフォーカスしていたら、今の状態はつくれなかったことでしょう。事業は10年計画といいます。**一攫千金のように、急に得られたものは急激に降格するものです。**

柔軟体操をしても、体が一気に柔らかくならないのと同じように、お金のパイプというのは、徐々に広げていくものです。

簡単にいうと、飽きずに「コツコツ」できるかで、物事の成果もお金のパイプも変わってきます。

ぜひ焦ることなく、比較することなく、楽しみながらマイペースに、着実にステージを上げていきましょう。

POINT

飽きることなくコツコツステージを上げる

RULE 28
「お金に好かれる」ようにお金は遣う

テレビをつければ将来に対して不安をあおるようなニュースが流れ、年金の受取りもまた延びています。このままでは年金はもらえないかも、と不安になったり、少ない金額に老後の一人暮らしが不安になったり。

こうしたニュースから一番影響を受けているのは、その情報を真に受けている人のメンタルです。そうした不安をあおるようなことを聞くと、思考も心も不安の影響を「受けたかのような気分」になって、財布の紐を固くします。

そうなると、廻るべきお金のエネルギーはそこでストップしてしまうので、買わない、遣わない、貯めるなどで、負の連鎖がはじまります。

そんなときは、気にしないでバンバン遣いましょう!……とは申しませんが、お金にはよい遣い方があることをお伝えしたいです。

こんなときこそ人のためにお金を遣うと、本当にお金はもっともっと入ってきます。

たとえば寄付をすること、または誰かに何かをプレゼントすること、知人が売っている商品を協力の気持ちで買うこと、お世話になっている人にごちそうすること、何かサービスを受けたらチップを渡すこと、などなど……見返りのない形で送り出すのです。

なぜこのような行為で金運が上がるか、これはもうおわかりですよね。

お金持ちのセルフイメージの構築になるからです。お金を送り出したときに無意識レベルで、「自分は豊かでお金があるから、送り出すことができる」、ということを、行動をもって自分にインプットしていることになるので効果的なのです。

先に書いたとおり、私は経済的にどん底だったときでも、まったくひもじい思いはしませんでした。むしろ、時間がたっぷりあったおかげで行きたいところにも行けましたし、思わぬところからのお小遣いが入ることもあったので、心は豊かでした。

それは、お金を人のために廻すことをやめなかったからではないかと今では思います。

以前、歯医者で奥歯の銀歯や他の箇所を全部治すのに100万円近くの見積もりをいただいたときも、「結構かかるな～」と思っていたら、ちょうどすぐにその金額分の仕事がポーン！　と入ってきました。

それはまるで、神様から「セミナーをするということは人前に出るということだから、歯を治しなさい！」と言われているようでした。実際言われてはいないのですが、そう思うようにすると、必要だったら入ってくる！　という思い込みをつくることができます。

そして、実際にお金を廻しつづけているとピッタリ必要な額が入ってくる、という奇跡みたいな偶然がたくさん起こります（これは奇跡でも偶然でもありません）。

「金は天下の廻りもの」という言葉があるとおり、とにかく流れを止めないこと、浪費はせずとも遣うところにはしっかり遣っていきましょう。

最後に一つだけ注意点があります。

他の人のためにお金を使う際に、注意をしなければならないことがあります。それは、**あわれむ気持ちやかわいそう、など負の感情を乗せないことです。プラスの気持ちだけを乗せてあげてください。**

「え？　寄付をするときなどは、むしろいい感情なのでは？」と思うかもしれません。しかし、法則はこうなのです。

あなたが「かわいそうだから」という理由であげたお金は、かわいそうな人やかわいそうな現状を、もっともっとつくることになるのです。

あわれむ気持ちで恵んであげる、という感情を乗せて寄付をしますと、相手のあわれな状況をもっともっと増幅させてしまうのです。人々の想念は現実をつくります。

親が子どもにお金をあげるときなども同じです。「何かあったとき（病気や事故、入院など）のためにこのお金は遣わないでとっておきなさいよ」と言うと、一見、子どものためを思ってあげたお金のようですが、そういう場合は、何かが本当に起こったときにしか遣えないお金、ということになるのです。

つまり何かが本当に起こってしまうことを引き寄せてしまうのです。


お金の法則（引き寄せもしかり）は実にシンプルで、自分が思ったとおりの現実を引き起こすもの。だから、誰かにお金を寄付する場合も、プラスのエネルギーを乗せて流さなくてはいけないのです。


この章では、お金の廻り方がどんどんよくなる方法について書いてきました。

そのマインドをしっかりつくり込んでいくために、何度も読んでください。

一度、お金に好かれるようになったとしても、ときどき、そのお金の循環が悪くなったり、自分の金運が下がったような感じがすることがあります。

そこで、次の章ではそんなときに、どうしたらいいかを扱っていきますね。
今、お金の循環が悪いな～、と思っている人も、すぐにやれることばかりですので、ぜひ興味をもって読み進めてみてください。

POINT

情報に左右されない、プラスの感情で送り出す

お金を引き寄せたクライアントさんの体験談③

サイドビジネスで
月収が100万円を超えた！

パワーストーンを販売しているライフモチベーターの奈緒美さんの事例です。

彼女が私のコーチングを申し込んできたのは、2010年のことでした。

そのとき彼女は、ある会社の経理をやっていました。そんな彼女はコーチングを経て、自分の能力を開花させ、新しくビジネスをはじめることにしました。

いろいろとアイディアはあがりましたが、最終的にはご自身もコーチになりセッションを提供することと、メインとしてはパワーストーンを販売するという方向にいくことにしたのです。


コーチは、定期的に自分もコーチングを受けて、客観的に自分を見る必要があります。

彼女もまたそのようにして、定期的に私のコーチングを受けていました。

すると、会社勤めをしながらではありますが、3年目にして、サイドビジネスであるパワーストーンによる月収が100万円を超えたのです。そして、超えた時点からずっとその収入をキープし続けています。

彼女はお金の法則をよく知っていました。なので、その法則に則って、かつ計画的に自分の事業計画をコーチングで立てました。

たいていの場合は、計画が立てられると、コーチングから3か月以内にその目標額以上の収入が入るようになるのです。

今は新しいマンションを購入し、新しい自分の自宅オフィスでさらなるお金のステージに上がっています。

そして周りの人々やご自身のクライアントさんや読者様を豊かにするためにご自身を費やしご活躍されています。

Chapter 4

「流れ」が悪くなったときは、視点を変える

RULE 29

ものを減らせばお金は不思議と入ってくる

お金はエネルギーですから、流れが悪くなることは誰にでもときどき起こることです。そんなふうに感じたとき、まずは、これをやってください。

それは、「掃除」です。

片づけや掃除などは、その人の生き方や精神レベル、そしてお金に対する思いも投影している大切な行為なのです。

「シンプル　イズ　ベスト」という言葉がありますが、私たちがスムーズに、無駄な動きをしなくてすむような生活になるためには、シンプルであることはとても大切なことです。

そして、生活がシンプルであるということは、シンプルな自然の法則とシンプルな潜在意識とシンプルな脳の仕組みと、すべてが通じていてこそ成立します。

ものがちゃんと整理されてごちゃごちゃしていない状態ということは、それだけ「氣」の流れ、つまりお金のエネルギーの流れもよくなるのです。

部屋が乱雑になると無駄な動きが増えます。どこに何があるか把握できていない部屋は、ものを探すという作業をすることが多くなります。

部屋にちらかったもののエネルギーも多く、視覚情報もごちゃごちゃするからです。

その場合、人生のなかでどれだけ探し物をしている時間が余分にかかっているでしょうか？

片づけは、私たちが無駄な動きをせず、時間の無駄も省き、健康になるのに役立つだけでなく、**「管理能力」が身につくのです。**

この「管理能力」はお金にも大きく関係しています。

私のコーチングセッションでも、掃除や片づけを重要視しています。

もちろん、コーチング内容にある「3か月間の目標」にそれが入っていない人はセッションテーマでは扱いませんが、一つでも片づけや掃除が目標に入っている場合は、セッションの最初の段階で取り組んでいただきます。キレイを目指して最初の1か月で片づけ、あとはキープしてもらい、キレイの習慣化をしていただくようなコーチングもします。

なぜなら、**それによって目標達成のスピードが上がるからです。**

片づいている所で生活している人は、思考の整理もちゃんとできるのでしょう。

よく部屋はその人の頭のなかや心のなかを表している、と言われていますが、本当にそのとおりなのです。内にあるものは、思考であれメンタルであれ、必ずや表面化するものです。

ここで私の掃除法をお伝えしたいと思います。

まず最初に掃除して欲しい所は、自分が一番長くいる場所です。部屋の氣を一番受けるのは長くいる場所だからです。そこだけは自分の聖域のように美しく心地よくしておくことは、メンタルに大きく影響します。

ハードルが高いと感じる場合には、その部分をパーツに分けます。たとえばリビングでしたら、テーブルの上、床、ソファの上、カウンターの上、などのようにパーツ分けします。

そしてそのなかで、ここの部分を片づけたら一番すっきり見える、というパーツを一つ決めて、毎日5〜10分という短い時間だけ片づけましょう。

それを数回繰り返すごとに、あなたが一番身を置く場所であるそこは、聖域のような気持ちのいい場所になっていくことでしょう。

キレイに片づいている場所を心地いいと心から思えると、キレイな場所を少しずつ広げていきたくなるものです。こうして、全体に片づいた部屋が実現できるのです。まずは、一番長くいる場所からはじめてみてください。

管理能力が身についてきますと、お金の管理もいつの間にかできるようになります。

ですから、整理整頓ができている人は、お金の管理もできる人であり、豊かになっていくのがお金の法則です。

ちょっとお金のパイプの詰まりを感じたら、無心になって掃除をしてみてください。

ものを減らしてみてください。

お金廻りもいつのまにかよくなっていくはずです。

POINT

一番長くいる場所をキレイにキープして「聖域」をつくる

RULE 30

見返りを期待しない気持ちが豊かさのパイプに繋がる

2011年の震災前にお世話になっていたネイルサロンの60歳のオーナーさんは、ネイルサロン以外に美容院を二つ持っていて、どちらも大変繁盛しています。

奉仕の気持ちがある方で、震災のときには、多くの家の都市ガスが止まり、お風呂も入れない状態でしたが、美容院はプロパンガスだったゆえ、洗髪をご近所の方やお客様に無償で提供していたそうです。

さらには、美容院にあるお風呂も無償で提供して、多くのお客様に喜ばれていました。が、ある日お客様に、「無料は心苦しいので、どうか有料にして欲しい。気兼ねして来にくいから」と言われ、安価に設定して提供したそうです。

オーナーさんは、お金が流れる仕組みをよくご存じの方で、こういう震災のときこそ奉仕の心や助け合う精神が必要であり、そして「お金を廻せる人が廻していかないと入ってこない」と言っていました。

また、「今のこのお店が続いているのは、自分たちの働きではなく、お客様があってこそ」とも言っていました。だからこそ、お客様にお返しするという精神に満ちていたのです。

世界がこのオーナーさんのような方ばかりだと本当にうれしいのですが、震災直後は、この機会にと通常の倍以上高い値段でものを売るところも、たくさんありました。

大根1本800円。キャベツ1個500円。なかには、非売品になっている試供品まで売るところも出てきたり、いつもの値段の5、6倍ほどで売っているところもありました。

今、この儲けられる時期に儲けたい、という利己的な儲け心……そのお金への執着こそが「自分にはお金がない」というインプットとなります。

そして、それがお金が入ってこない仕組みをつくってしまいます。ライフラインや流通が復旧したら、ここぞとばかりに高く売っていたお店には誰も行こうとは思いませんから。

こんなに当たり前のことが、目先の利益しか見ていない人にはわからないのでしょう。

お金が豊かになる仕組みは、おかげ様の気持ちと感謝の心、そして与える精神で、できています。

他の人に与えることで自分の心が豊かになります。

見返りを期待しない行為は、与えることで自分の心が満たされるので、それでもう十分見返りは得ているのです。

見返りを一切期待しないで人に与えると、廻り廻って違う形で戻ってくるのです。

だからこそ、流れが悪くなったと感じたときこそ、与える行為をしてみてください。

たとえば高額でなくても結構ですので、誰かにプレゼントを買ってお渡しするのです。チョコなどのような小さなもので大丈夫です。

「最近、お仕事がんばっていますね。甘い物を食べてください」とか、たった1本の缶コーヒーでも、「今日は寒いですね。どうぞ」とさりげなくあげてみてください。

何かの記念日に左右されることなく、ときどきこうして誰かにプレゼントすることはお金の流れを改善するためにも効果大なのです。

買うときにはワクワク感をしっかり感じ、その方の喜ぶ顔をイメージしましょう。

そして、お金が渡っていくときに、そのお金がまた誰かの元に行って誰かの喜びになるんだ……とイメージすると、留まっていたお金の流れは回復します。

目標としては1週間に1回、誰かに何かをプレゼントすること。

たとえ1人500円でも、月に4名で2000円。2000円で金運が上がり、お互いが気持ちよくなったら安いものではないでしょうか？

POINT

プレゼントは記念日よりも
その人のことを思ったときにあげる

RULE 31 お金は自分のエネルギー分しか入ってこない

ちょっとキツい話になるかもしれませんが、とても大切なことなので読み進めてくださいね。

転職、起業、ノマドワーク（特定のオフィスを持たずカフェなどで仕事をすること）……最近は、主婦でもOLさんでも起業される方がとても多くなりました。それで成功して人気者になって、経済的に豊かになっている人もたくさんいます。

でも、なかには、好きなことを仕事にすれば絶対うまくいく！　と思って会社を辞めて独立したはいいけれど、なかなかうまく収入に結びつかないとか、集客がうまくいかないなどの話も聞きますよね。それはあたりまえです。なぜならばそこには絶対的な法則があるからです。それは……。

お金は自分と同じエネルギー分しか入ってこない、ということ。

つまり、わかりやすく言えば、今あなたが得ている収入は、あなたのエネルギーそのものを数値化したものだからです。年収200万円を得ているなら、年収200万円にふさわしい人、ということ。年収2000万円なら、年収2000万円にふさわしい人、という訳です。

たとえば、今の会社に不満を持っていて、「もっと自分の才能を活かせる場所があるはず！」と思って、思いきって会社を辞めたとしても、あなたが発しているエネルギー以上のお金はどこで何をしても入ってこない、ということなのです。

現実的に言えば、会社を辞めて好きなことをしても、すぐにお金は入ってきません。ではどうしたらいいのでしょうか？

つまり、今の自分の置かれた環境のなかで、**求められている以上の価値をあなたが人に与えたときに、お金のステージも変わっていくのです。**つまり、それは、少しずつ積み上げられているもので、一攫千金的なものではありません。

会社はあなたに給料分の仕事を期待します。あなたは給料に見合った価値を提供して、その対価としてお金をもらう訳ですが、求められている以上のものを提供していくと、お金のステージが変わっていきます。

相手の期待を超えたときに、お金のステージは変わるのです。

あなたが求められている以上の価値を提供したときに、会社はあなたを大切に扱います。それはお給料が上がるという形だったり、会社での立場が昇格したりといろいろですが、あなたが提供したエネルギーに合ったお金の入り方になるのです。そうした活躍が誰かの知られるところとなり、ヘッドハンティングされたりなどしたときに、お金のステージはまた上がっていくのです。

そうやって、あなたのエネルギー値が今いる環境を超えたときこそ、起業したり、転職したりなどのお金が入ってくるステージが変わるときなのです。

いくら起業が流行っているとか、ノマドワークに憧れるからといって、今いる環境をすぐに変えようとして会社を辞めても、お金の入り方はなんら変わらないどころか苦労するだけなのです。

「今すぐ会社を辞めなさい！」というメッセージを鵜呑みにして、やみくもに会社を辞めたはいいが、稼げない人はたくさんいます。

ですから、お金が入ってくる方法を考えるときには、決して一攫千金的なものではない、という事実を忘れないでください。前章でも申しましたが、お金の入り方はまるで階段を一段ずつ上がるかのように少しずつ上がっていくのです。人によっては二段抜かし、三段抜かしはあったとしても、秘密のエレベーターで一気に頂上というのはないと思ってください。

そして、お金の入り方は、形で言えばピラミッドのようなもの。下積みがしっかりしていれば、おのずと次の段に上がっていきます。いきなり大金持ちになっても、自分のエネルギー以上のものは維持できないので、転落も早いのです。

宝くじに当たったり、多額の遺産を相続したりして、突然大金を手にした人の大多数は、ほぼ、あっという間にそのお金を失ってしまうという統計が出ているそうです。

それだけでなく、そのなかの80％の人は2年後には以前よりも経済状態が悪くなるそうです。何が原因だと思いますか？

それは、**セルフイメージとお金のステージが合っていないから**です。貧乏意識が根づいているまま多額のお金を手にすると、バランスが崩れます。

「自分はやっぱり、貧乏だ」という考えが抜けきれていないので、せっかく入ったお金たちも逃げていくのです。そしてその自分のイメージ通りに、以前よりも貧乏になってしまうのです。

細い川であっても大河に続いています。今はお金の流れが細くても、少しずつステージが上がっていったときには川幅もどんどん太くなり、自分の願っているところに通じていくようになっています。川幅もあなたのエネルギーと同じに太くなっていくのです。

まずは、今いる環境で輝いてください。

求められている以上のものを一生懸命与えるようにしてみてください。

あなたが提供した価値に比例してお金はやってくるのです。そうすれば、次なるステージが必ずやってきます。

POINT

置かれた環境にエネルギーを注げる人に金運は巡ってくる

RULE 32

金運のある人やお金持ちと会って「波動」を肌で感じる

金運や運気全体を簡単に上げる方法があります。

それは、簡単に言うと**運がいい人とお付き合いすること**です。「氣」は伝染性がありますので、早い話、その方の金運にあやかるイメージです。

付き合う人たちで人生が変わる！　と言っても過言ではないくらいに、人からの影響は大きいものです。そして、付き合っていくうちに、私たちはその人の波動に無意識に同調していきます。

脳にはミラーリング機能というのがあって、それは無意識レベルで真似をしたくなるというものです。目の前の人が笑えば笑いたくなるし、目の前の人が悲しそうだとつい自分も悲しい顔をしてしまいます。
また、感情だけではなくて、**行動も考え方も真似したくなるのです。**特に尊敬する人だったりすると、その人の言葉や行動、価値観さえも採り入れたくなり、次第に似たような言動をするようになります。

お金持ちの人の多くは、「運」というものを大切にしています。ですからジンクスも大切にします。実は、人生もお金もすべて「思い込み」で成り立っていますから、信じたとおりになっていきます。

ですので、この項目を読んで「そっか！　お金持ちや金運がある人と付き合えば自分も金運が上がる！」と単純に信じた人には、信じた結果が引き寄せられてきます。

思い込みは行動も変えます。私たちの目に見えない世界——たとえば細胞や、脳内物質や、はたまたミクロの世界では、自分の体の原材料でもある素粒子レベルで変化しているものです。

それらが、周りの目に見えない「氣」を左右するのでしょう。

あと、もう一つ。**お金持ちの方からいただいたものを大切にする**、ということもオススメです。ものは何でもよく、ただその方の運にあやかるのです。それはお守りのような役目になることでしょう。

私には、金融資産10億円以上の大変仲良くしている男性の友達がいるのですが、以前その方から、金運アップの金箔のお札《ふだ》をいただきました。それを大切にお財布に忍ばせているのですが、それを入れてからというもの、金運がかなりアップしたのです。

なぜ金運がアップしたかと言うと「億万長者からのお札‼　これを入れたから金運がかなりアップするはず！」という思い込みです。その強い思い込みが現実をつくるのです。

2013年、拙著『一週間で美人に魅せる女《わたし》の磨き方』（かんき出版）を出版しました。そのときにみなさんにもその金運を届けたいと思い、金箔まではいきませんでしたが、金箔柄の「金運めっちゃアップ」と私が書いた栞《しおり》を、本を買っていただいた方にプレゼントさせていただきました。日頃お世話になっている読者様への私からのプレゼントです。

多くの方に手に取っていただきたいと思い、10万枚印刷し、仙台の神社に持っていって、「本と栞を手にした方の開運招福」のご祈禱もしていただきました。すると、その栞を手にした人達から期待していたとおりの感想がわんさかやってきました。

「この栞を手にした途端、サロンの予約がたくさん入りました！」

「臨時収入がありました！」

「昇給しました〜」

「恋人ができましたー！」……金運アップの栞なのに（笑）。

これが、「金運めっちゃアップする！」と信じた人の効果です。私の栞はただのキッカケにすぎません。いろんな方法がありますが、結局のところ**お金はあなたが思い込んだとおりの動き方、流れ方をするのです。**

私がこの今の仕事をはじめる前、ある種の能力がある女性2人から同じことを言われました。「あなた金運がすごいよ？」と。

まったくもってそんな兆候のないときに言われたものですから、信じないこともできたのですが、ここは真に受けてみよう！　と、そのことを心から信じてブログに書いたり、親に言ったり、仲の良い友達に言ったりしていました。

「私、金運すごいんだってー！」と。もちろん周りは、ハイハイという態度。

しかし、その直後から収入は少しずつ2倍、3倍、4倍……10倍以上……と増えつづけています。

そう、願った額が入るようになり、この先は上限はないとさえ思っています。

これを読んで、何か自分でできることがあればやってみてくださいね。

流れが悪くなったと感じたとしても、きっと金運は回復していくことでしょう。

POINT

お金持ちの運にあやかる行動をする

RULE 33 知識を知恵に変える勉強をする

私は時折、机に向かって勉強している自分を不思議に感じることがあります。なぜかというと、子どもの頃、私は本当に勉強が大嫌いだったからです。

一番嫌いなのは理数系。小学生の頃は算数は居残り勉強をしていました。中学では夏休みの宿題のうち、数学だけは友達のノートを丸写ししていました。高校のときは、頭のいい後輩に数学の宿題をやってもらっていました（笑）。

数学なんてできなくても生活できる！　と子どもの頃は思っていましたが、数学はできなくても、たしかに生きてはいけるのですが、しかし、あの机に向かう習慣というのは、やはり義務教育の場でこそ身についた貴重な習慣だったと思います。

と、いうのも、あんなに嫌いだったのに、今はなんらかの形で毎日勉強しているからです。そして、自分が学んだ内容を人様に伝え、お金を頂戴しながら、また勉強をしています。

なぜ、このように勉強しつづけられるのでしょうか？　それは、楽しいからです。

子どもの頃、勉強が嫌いだった方は多いと思います。なぜでしょうか？　それは好きじゃない科目も勉強しなければならないからです。

しかし大人になってからの勉強のいいところは、好きなことや学びたいことを自分で選べることです。

一般的に言われていることですが、勉強量と年収は比例していくものです。私はこれまで軽く2000万円以上を自己投資（セミナー、スキルアップ、資格、教材や本）してきましたが、年収の上昇は確実にそれに比例しました。逆にほとんど自己投資していなかったときは、収入もカツカツでした。

ですが、勉強のための自己投資をしはじめて、その得た知識が知恵に変わったり、お金を得るアイディアや人脈に繋がり、それをアウトプット（表現）するようになってから、提供している情報そのものが、お金に変わっていったのです。

ある調査では、年収が２０００万円以上の人のうち、78％は勉強の習慣がある人だった、という結果があります。高所得者の８割ほどの人々は、なんらかの勉強の習慣を持っているのです。

勉強によって知識を取り入れても、知識は知恵にならない限り、本棚に飾ってある本と同じです。その取り入れた知識を知恵に変えるためには、経験にすることが必要なのです。つまり、噛み砕いて、考えて、心に落として、そして自分のものとし、生活の中で適用していく。そして適用して成果を得て、教訓を引き出す。ここまでしないと、知恵にはなりません。

ですので、本でもセミナーでも、情報を取り入れた後の作業がものすごく大切。学んだことをもう一度頭のなかで繰り返して、潜在意識の奥底に落とし込んで自分のものにする作業が大事で、それは定期的にやる必要があります。

世界的に見てお金持ちが多い民族であり、ノーベル賞受賞者を一番多く輩出している民族のユダヤ人が一番お金をかけているのは何かというと、「自分への教育」です。

それは、**自分のなかに残った学びは誰にも奪われることがないからです。**そして、彼らには昔からそれをお金に変える知恵もありました。とても賢い民族なのです。

さて、あなたも自分が好きな分野をもっともっと深めるために、勉強の習慣を持ってみるのはいかがでしょうか？

好きなことであるならば、ますます収入にも繋がっていきます。

まずは、好きなことに自己投資してください。

近くに、関心のあるセミナーなどがあれば、自己投資だと思ってまずは行ってみることをおすすめします。初心者向けのアロマのセミナーに行って、そこからアロマの資格を取るまでになって、今度は自分が伝える側になったという方はたくさんいらっしゃいます。

また、私のクライアントで腸モミを受けて体質が変わり、腸について学ぶことが面白くて大好きになったので専門的に学ぶようになり、サロンをオープンしたら新規のお客様が入れないくらい予約でいっぱいになった、というような例もあります。

「好き」が仕事になったら、一生仕事をしている感覚がありません。ただただ楽しい毎日が待っているのです。

さらに、コーチングに興味がある方が、私にコーチングのセッションを申し込んできて、どんどん成果を出していたら、今度は自分がコーチになりたいと思いはじめて、自分も学び、人気コーチになった方もいます。

「学ぼう！」とか、「ちょっと興味があるからやってみよう！」とか、「おもしろそうだから本を買ってみよう！」、そんなきっかけが人生を変えることが多々あるのです。ぜひ、勉強の習慣を持ってみてください。

ところで、あなたの近くに自己投資をして、学びをお金に変えている人がいるでしょうか？　もしいたら、成功モデルを間近で見ているようなもの。その人と一緒にいることで、次第に自分にも可能だ！　と思えるようになってきます。ぜひそういう人たちの行動をじっくり観察してみましょう。

そのようにしていくうちに、彼らの行動原理を通して自分の行動も変化していき、あなたとお金のパイプができあがっていくのです。

POINT

人生が変わる好きな勉強をはじめよう

RULE 34

「好きなこと」こそ天職を見つけるきっかけになる

私は、SNSを使って仕事をしています。特にブログは、はじめてかれこれ11年目に入りました。会社もブログからスタートしたもので、法人化して8年目に突入です。

もともと、2006年10月からはじめた「美人になる方法」のブログで、情報配信をしているうちに、その情報の裏付けが欲しくて、心理カウンセリング、NLP、コーチングを学びました。

さらには、セミナーを提供するものとして、ザ・リッツ・カールトンホテルのレジェンダリーサービスというセミナーを受けてホスピタリティを学んだり、ファッションの情報提供もするのでイメージコンサルティングを学んだり、プロトコールマナーも学び、美しい立ち居振る舞いを学ぶためにウォーキングも学び……。

ブログの内容は、当時一般的に行われていた日記ブログではなく、情報配信ということにこだわりつづけ、毎日毎日情報配信しつづけました。

その結果、アフィリエイトのみならず、自社での教材販売、音声配信プログラム、コーチング、セミナー、コンサルティング、また今では執筆でも収入が得られるようになったり、別の会社では物販もするようになりました。

ブログをはじめたおかげで、結果的にさまざまな専門知識を取り入れました。

情報配信をしてお金をいただくということは、それなりの専門性も必要であると思ったので、たくさん勉強もしましたし、自己投資もたくさんしました。

しかし、それらはすぐに戻ってきたのです。

私がそれらをやってこれたのは、私にハングリー精神があったからではありません。むしろ私は、元来怠け者体質ゆえ、できれば仕事をせず、専業主婦になりたいな～なんて昔から思っていたので、ハングリーの「ハ」の字もないのです。

嫌いな言葉は「努力」と「忍耐」です（笑）。

しかし、だからこそ言えることがあります。

天職を見つける方法は、好きなことをする！　好きなことを徹底的に継続する！　ということなのです。

好きなことは続けていても苦痛になりません。すぐに成果がでなくても、楽しいので継続することが容易です。そして、好きなことが仕事になると、仕事をしている、という感覚さえなくなるのです。働いている時間が趣味をやっているかのように楽しいものになるからです。

天職とは、天から授かった仕事、神様から与えられた最も適している仕事です。好きであり、楽しくもあり、向いてもいるし、そしてそれを続けた先には、ちゃんとお金も入ってくるものなのです。

この本をお読みの方のなかにも、自分に合った仕事、天職を見つけたいとか、起業したい、と思われている方がいらっしゃると思います。

私はコーチングをはじめてから、いろんな人たちの目標達成のお手伝いをしてきましたが、その実績のなかで言えるとしたら、

好きなことを極めてみてください。
好きなことに時間をかけてみてください。
好きなことにお金もかけてみてください。
好きなことはもっともっと勉強してください。

なかには、がんばってもがんばってもお金が入ってこないという人もいます。でもそれは、その人の持っている才能を使う分野が今の仕事とちょっとズレているからです。

次のページの図をご覧ください。これからあなたが天職を探し、そこからお金を得るための助けになる図です。

あなたの今いる位置はどこ?

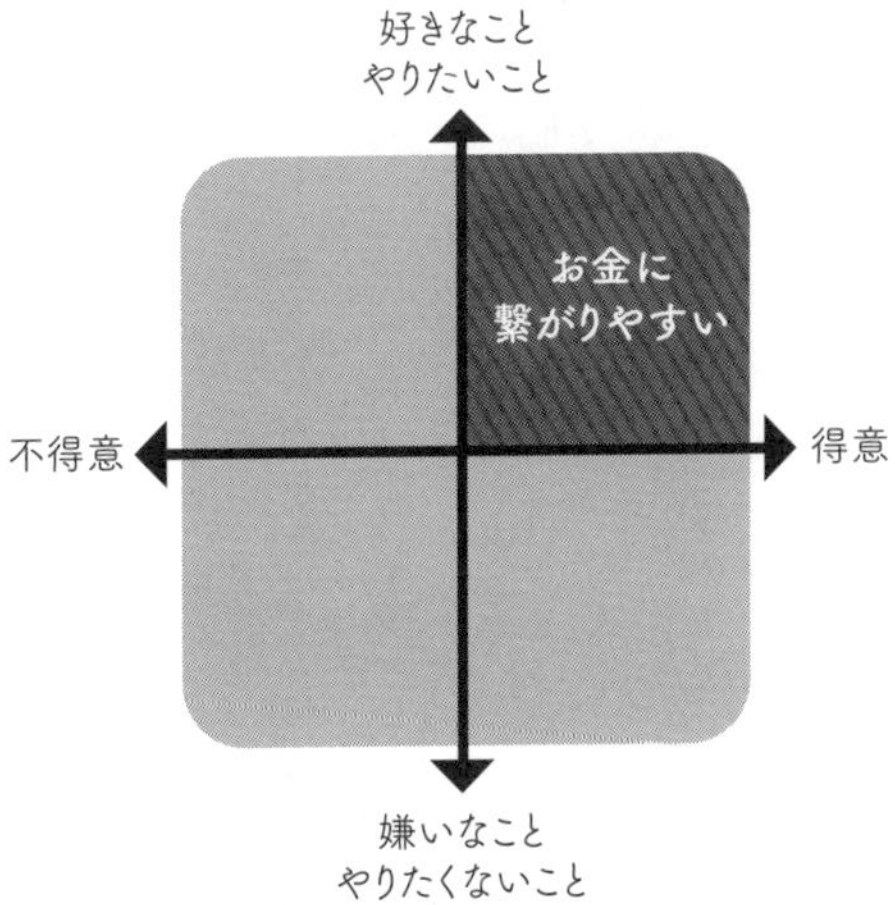

このマトリックスに従って、あなたが今いる位置を見つけてください。

もし、その位置が「やりたくないこと」と「不得意」の部分に属していたなら、そこからお金が入ってくるのは難しいかもしれません。あなたのパフォーマンスが小さくなっているからです。

天職を見つけるには、「好きなこと、やりたいこと」と「得意」のなかに収まるものをさがすこと。そうすれば、そこからお金を得るのはずいぶん簡単になるはずです。そこがあなたの強みになるからです。

その強みを活かして、世の中に価値を提供しつづけさえすれば、その価値に見合った分だけ入ってきます。

人は、好きなことをやっているとき、楽しいことをやっているときほど、その人らしさが出てくるものです。あなたらしさという自分の個性を見つけるのにも、好きなこと、というものは大切なのです。

子どもの頃、自分が好きだったこと、得意だったことを思い出してください。

それは一生あなたの財産になるものです。子どもの頃は「素」なのです。だからこそ、その頃に好きだったことは、天職に繋がることが多いのです。

ちなみに、私が子どもの頃に好きで得意だったものに習字がありました。特別誰かから習ったというわけでもありませんが、賞ももらったことがありました。今は筆ペンで色紙を書いたり、本にサインを書くときにも役立っています。

また、小学校高学年のときは、放送部に入っていました。すると大人になってからは、「マイクをとおして聞く私の声がとてもいい」とか、「声がキレイだ」とみんなから感想をいただけるようになりました（この部分を執筆するまですっかり忘れていましたが）。自分では声がいいとは思っていませんでしたので、最初は驚きでしたが、今は音声ＣＤをつくったり、ラジオにチャレンジしたりセミナーでは地声で話さずにマイクを使うので役に立っています。これらは子どものときの得意分野が役に立っているのです。

安定や安心という言葉ばかりにとらわれて、自分のしたいことを、我慢しないでください。

まずは、趣味レベルからはじめてみましょう。楽しいと思えたならそれを継続して、そして次に副業につなげられるか考えてみてください。
もしかしたら、それがはじまりで、その分野で「カリスマ」と呼ばれるくらいになるかもしれません。

POINT

はじめは趣味レベルからでいい

RULE 35

お金の余裕は心の余裕のあらわれ

よく、「お金の余裕は心の余裕」……という言い方をしますが、あなたはどう思いますか？

10年以上前のことですが、自分でおもしろい調査をしたことがあります。

元夫の以前の会社は高速道路関係の建築会社だったのですが、その会社から、私にアルバイトしないか？　とのお声掛けをいただいたのです。

アルバイトの期間は3日間のみ。高速道路の料金所のETCの入り口で、「ETCレーンを今工事しているので、高速を降りる際は、一般レーンから降りてください」とドライバーさんに口頭でお伝えし、そしてその説明が書いてあるチラシを渡す、というのが、その仕事です。3日間でしたから、トータルで何千台という車を見て、多くのドライバーと接したことになります。

私は、車が好きなのと、車種を見たときにドライバーがどんな人なのか？　つまり、このＥＴＣの不具合を伝えたときに、どんな反応をするだろうか？　などの人の心理的作用などにも大変興味があったので、このアルバイトはとても楽しい体験でした。

結果、どんな車種に乗っているのかと、ドライバーの対応の仕方は、明らかに心の余裕が関係していました。

一つの傾向としては、一般大衆車に乗っているドライバーは、普通の対応でした。普通というのは、私がＥＴＣ不具合について説明したときに、「え？　はぁ〜、そうですか」とか「あ、そっ」みたいな感じです。感じがいいとか悪いとかではなく、普通という印象です。

一方で、ものすごく仕事で急いでいる方、トラックの運転手や営業車に乗って急いでどこかにいかなければならない人、こういった人は、とても対応が悪かったです。

たしかに、ＥＴＣが使えないって面倒だし不便なんですよね。だから暴言を吐いたり、私に「とっとと、ETC直せ！　コノヤロー！」と言う人もいました。渡したチラシを丸めてその場に捨てる人もいましたし、チラシを手渡しした途端その場で手を放されたためにチラシが風に飛ばされて、私が取りにいって危うく車に引かれそうになったりしたことも……。もちろん、全員が全員ではありません。優しいトラックの運転手さんもたくさんいました。が、全体の傾向としてそういう人が多かったのです。

高級車に乗っている方は、往々にして礼儀正しく、品性あふれる対応の人が多かったように感じました。たとえば、日本車でいえばレクサスとか、あとは外国車でいえばフェラーリクラスの車に乗っている方です。

もちろん、なかには見た目が成り上がりのような感じの方で、ふんぞり返って、「あ〜ん？　何だってぇ〜？」の人もいましたが、少数でした。高級車に乗っている方にはそういう態度の方が稀だったのです。これは、自分の固定観念が打ち砕かれた瞬間でもありました。

高級車に乗っている方の多くは、私の説明を聞いた後、「わかりました。ご苦労様です」とか「寒いのに大変ですね。がんばってくださいね」とか優しい言葉をかけてくれました。

振る舞いも話し方も表情も、何かにつけて余裕があるのです。

ここからわかるように、心の余裕がある人は、自分以外の何かが見えます。「寒いのに大変だね」とか「ご苦労様です」と感謝したり、相手を気遣う気持ちがあったりと、このとき、お金と心の余裕は密接な関係があるのだ！　と体験から知ることができました。

しかし、**誤解してほしくないのは、お金があるから幸せである、というわけではないということです。**アフリカの遊牧民であったマサイ族の人々の幸福度数は、富裕層と同じレベルである、という調査結果も出ているからです。

では、お金の余裕がない人は、心の余裕が持てないのでしょうか？

決してそうではありません。

大切なのは、**今あるもの、持っているもの、得られているものにいつも集中する、フォーカスすること**です。

そうすると、「ない」という気持ちから「ある」という気持ちに変化していくことでしょう。それは感謝の気持ちも育んでくれます。

心と時間の余裕ができると、お金の余裕もできるようになっていますので、そうなると、プラスのスパイラルに乗って、さらに上昇していくことができるのです。

POINT

まずは心の余裕を持とう。そうすれば流れが変わる

私はお金持ち！　の気持ちをつくるお役立ちサイト

私のお気に入りの海外のサイトで、自分が世界の何番目にお金持ちなのかがわかる「グローバルリッチリスト」（http://www.globalrichlist.com/）というものがあります。

自分の国と、自分の年収を入れるだけで、世界のお金持ちのなかの何パーセントに入るか？　そして、世界で何番目にお金持ちか？　という順位が出るのですが、それを見ると誰しもが相当のお金持ちの気分になることでしょう。

国税庁「平成28年分　民間給与実態統計調査」によりますと、平成28年（平成28年12月31日時点）の平均給与は４２２万円だったそうです。

お金持ちとそうでない人たちの二極化が激しいですが、一応わかりやすくするために、この年収４００万円、というのをグローバルリッチリストで調べてみると……。

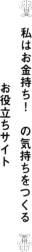

なんと、世界的に見たら年収400万円の人はトップ1パーセントのなかに入るお金持ち、ということになるのです。

なんということでしょう！

「ここは日本だ！」だなんて夢のないことをおっしゃらないでください。あなたは地球人であり、そこからみたら1パーセントのなかに入るほどのお金持ちです。

そういう認識を持つだけでも、とても心豊かになるはずです。

Chapter 5

豊かで実りある人生にするために

RULE 36
お金、幸せ、豊かさが100倍になる「フォーカス術」を身につける

思いかえせば、2008年は収入も安定せず、FXでお金が数回飛んでしまったりと、ワタナベ家にとってはお金に関して恵まれない年でした。
しかしそれと同時に私にとっては、これまでになく心豊かな年でもあり、幸せな年であり、そこから豊かさがはじまる転換点でもあったのです。

本来ならお金がなくなりますと、なくなったものに目を留めがちになります。でも、それをやっていますと、「欠乏感」でいっぱいになってしまいます。これまでも再三述べてきたとおり、**欠乏感は文字どおり欠乏を招くのです。**

私はお金がないときにも、なくなったものではなく、今あるものに集中しました。取りあえず、お金がゼロになっても、健康でご飯が食べられて、雨風しのげる温かい環境にいられるなんて幸せじゃない？　と最初は自分に言い聞かせるようにしていたのですが、そのうち本当にそうだな、としみじみ思えたものです。

今得ている幸せなことを毎日毎日数え上げていると、どんどん幸せの数が多くなっていきます。

逆に、不幸せやネガティブなことを数えていくと、それもまたどんどん増えていき、それが癖になると、脳は無意識にもっともっと不幸を探して見つけてくるのです。

豊かさの仕組みというのは、とてもシンプルです。

このシンプルさが身をもってわかるとお金に関しても無敵です。

たとえまたゼロになったとしても、自分の力で豊かになれる自信があるなら、その強い思い込みが人をまた豊かにするのです。

不幸せな人は、自分よりも幸福そうな人を見ては、自分と比べて恨みや妬み、暴言を吐く傾向があります。それらの黒い空気は体全体をめぐり、細胞を腐らせて、病気をも招いてしまいます。

私も以前の生活はそうでしたから、重い病気をも引き受けてしまうことになりました。

今日本に住んでいる限り私たちは豊かであり、生きていくのに必要なものは、すべてを持っていると言えます。

持っていないように見えるのは、他の人と比べて、欠乏部分に目を留めて、自分が貧しい、とどんどん思い込んでいるからです。これが文字どおりの貧乏を招くのです。ですから、大切なことは次の三点。

比べない。

愚痴らない。

今得られている小さな幸せを日常からたくさん探し、見つけてフォーカスす

ること。

たとえば、「うちは家族4人暮らしで、年収200万円しかない極貧生活です。これでも幸せって言えるんですか？」と言う方がいたとしても、私は幸せだと思います。世界的な観点から見れば、お給料をきちんともらって、それで生活できているんですから。

世界には、4歳くらいから重労働を強いられて働いている子どもさえいます。そう思ったら、私たち日本人は、ありがたい環境にいますよね。

フォーカスするというのは、カメラのレンズのように、一点にピントを合わせたら、その周りはボケているというくらい集中して一点を見るイメージを持つということ。

つまり、今得られている小さな幸せにピントをギュッと合わせ、その他にはあまり注意を払わないのです。脳の機能上、一点集中の状態というのは、意識が向いているものをより増大してくれる作用が働きますので、気持ちも、そして現実も幸せな状況に変化していくでしょう。

よく、「原点に戻る」と言いますが、人生にたとえて言うならば、裸一貫からのはじまりです。

もし、今この本をお読みの方のなかに、自分の不幸や苦しみや悲しみで、辛い思いを抱えていらっしゃる方がいれば、今を底だと思って、あとは「これ以上下がりようがないから、心配してもしょうがないや！」くらい楽に考えてみてください。

一番底にいると感じる人は、この本を何度もお読みになり、豊かさのマインドを頭に叩き込んでください。

知識は何度も何度も読んでいるうちに心に染み込んできます。

心に染み込んだら行動に移せるようになります。

そして、今の環境でできることからはじめてみてください。

ここからが、お金とのパイプが太くなるときです。

すると、少しずつお金に余裕が出てきます。

そして、それを体感したときに、もっともっと文字どおりの豊かさや文字どおりのお金があなたに舞い込んでくることになります。

これが法則なのです。

POINT

小さな幸せにピントを絞れば幸せは増大する

RULE 37
笑いで金運アップが引き寄せられる

「笑う門には福来る」

誰もが知っている格言ですが、これは真理です。知っていても実践していない人が多いのですが、実は幸せになってお金に愛される基本のキなのです。

そもそも「笑い」とは、心が豊かだと無理しなくても自然とこぼれるものです。心の余裕のある人は、常になんとなく微笑んでいます。

笑っていると天の水門がバァーッと開くが如く、「運気アップ」という祝福を神様は与えてくれるようです。つまり「ツイている」という状態をもたらしてくれます。

神様は笑顔の人が大好きなので、笑顔の人はもっと笑顔になるように、力を貸してくれます。

逆に陰気臭くジメジメした環境や、暗い人には、似たような状況や陰湿な周波数を発する人、物、状況が引き寄せられてきます。これは、本当に注意が必要です。

不運続きな人（長い期間不運な出来事が続いている人）は、ちょっとご自身の言動を振り返ってみるといいかもしれません。

こんなことを言っている私にも、もちろんありがたくないことも起きますし、怒りが引き起こされるようなこともあります。**しかし、意識を集中すべきところはマイナス部分ではなく、プラスの部分。そうしていると過度にマイナスに注目しなくてすむのです。**

つまり嫌なことが起きても、「ふーん……」ってスルーするので、そのアンラッキーが続かないのです。そして、別のよい事柄に心から感謝するので、そこでアンラッキーが終わるのです。

アンラッキーに注目するのは怖いことです。それに類する出来事が連続して身に起こるからです。

つい、マイナスなことに過度に心を留めてがっかりしたり、暴言を吐いたり、悪口を言っていたり、嫌なモヤモヤを心に残しておくと、よくないことがますます続いてしまうのです。

また、「笑い」は運気や金運のみならず、病気も吹き飛ばします。

ある調査で、鎮痛剤が手放せない重症の女性リウマチ患者26人に、落語を1時間ずつ聞いてもらう実験を行ったところ、わずか1時間笑っただけで全員の痛みが楽になったという報告がありました。

笑顔の人には笑顔の人が引き寄せられ、人間関係もよくなります。

つまり、問題が少ない状況をつくるのに笑顔は本当に効果的。これがお金のパイプの詰まりをなくす方法でもあるのです。

パイプが詰まった状態ですと、お金の流れがよくないばかりか、不安や恐れも引き起こされます。

しかし笑っていると、なんとなくそれらの不安がなくなっていきます。
なかなか金運が上がらない、運気が上がらない、という方は、お笑いのDVDを毎日30分ずつ見て、大声で笑ってみてください。今抱えている悩みも、フッと軽くなるのを感じられるはずです。

POINT

金運が上がらないと思ったときは「お笑いDVD」でも観てみよう

RULE 38

お金を生み出すのは意外と簡単と思っていい

今の時代は、主婦でもアイディアさえあれば稼げる時代です。

アイディアを考えるうえで、ニーズとウォンツという言葉があります。ニーズ（必要性・必要とされていること）と、特にウォンツ（欲望・欲しいと思われていること）が満たされるような価値を提供すれば、そこに対価であるお金が生じます。

あなたが持っている技術や知識が誰かに必要（ニーズ）とされていたり、または商品やサービスを誰かが欲しがっていたり（ウォンツ）すると、お金を支払ってあなたから学びたい、あるいはあなたの商品やサービスが欲しいと思うものです。

しかも、今はインターネットがありますから地域の垣根がありません。もっと言えば国境も関係なくなりました。

ですから、アイディア次第でなんでもできてしまう時代になったのです。

具体例でいうと、あなたはビーズアクセサリーをつくるのが上手だとします。自分では、ジュエリーなどよりも価値も劣るし、ましてや自分なんかがつくったアクセサリーを欲しいと思う人なんていないだろうな……と思っていても、なかには、本物のジュエリーよりも安いし手軽に使えてかわいいし、そっちのほうがスキ！　と思う人もいるわけです。

その人が必要としていて、そしてそれを欲しいと思えば、そのビーズアクセサリーは売れるのです。あとは売り方を知れば、もしかしたら大ヒットするかもしれません。やってみなければどうなるかは誰にもわからないのです。

ある人は自分で作った犬の服をペットに着せていたら、近所の人に自分も欲しいからつくってと依頼され、オークションで販売してみたら大ヒットで、主婦をしながらの起業を果たし、かなりの額になっていったそうです。

こういう素敵な話を聞くと、つい自分と重ねて妄想してしまいます。

私も、もし読者様から引っ張り出されることがなければ、今でも家にこもりながら、主婦をやっていたと思います。

もともとは専業主婦になりたかったので、それはそれでいいのですが、私の憧れる専業主婦は裕福な専業主婦でしたから、ブログがなかったら、いまだに貧乏な専業主婦をやっていたと思います。

さて、もしあなたがこれから何かご自身で仕事ができるとしたら、何をしたいですか？　制限をつけずに考えてみませんか？

ちなみに、昔のことですが、私の母は生前、機械編みのセーターづくりが得意でした。最初は自分のためにつくっていたら、近所の奥様方に頼まれて、1

着数千円でつくるようになりました。30、40年も前の話ですが、このセーターづくりで、母の月のお小遣いは当時の金額で数万円（現代なら10数万円以上）になっていたようです。

こうして考えてみますと、**誰にでもお金を生む力があり、あなたもちゃんと稼げるはずなのです。**

ただし、世間に何か価値を提供しよう、という気持ちよりも、自分の儲けばかりを優先してしまうと、継続的に収入を得るのは難しくなります。私はそれを「荒稼ぎ」と言っています。それは一時的な儲けでしかない。

なので、私が思うにｗｉｎ－ｗｉｎ（両者にとって益がある）の関係以上に、世の中への貢献のｇｉｖｅの気持ちがあると、もっともっとお金は増えていきます。それがお金の法則だからです。

最後に、どうやっていいアイディアを生み出せばいいのか？　ということについてお話しします。

アイディアの質は、インプットの量に比例すると言われています。

つまり、何かをしたいと考えたときに、関係する本を読んだり、インターネットで調べたり、セミナーに行ったり、経験者と話すなど、できる限りインプットの量を増やす必要があるのです。

そのようにアンテナを立てていますと、ふとした瞬間、たとえばトイレのなか、お風呂に浸かっているとき、散歩中、家事の最中などに、アイディアがパッとひらめくことがあります。

そのアイディアが小さい頃からの自分の得意分野と重なっている場合、成功の確率も高いと言われています。

自分に限界を設けてしまったときに、あなたの人生はそこで成長が止まってしまいます。

ぜひ制限をつけずに、ワクワクしながら自由に思いを巡らせてください。

POINT

今の時代はすべての人に可能性がある
ワクワクしながら妄想しよう

RULE 39

心地いい感情が最終的にはお金を引き寄せる

さて、ここまでお読みいただき、お金の流れてくる仕組みがおわかりになったでしょうか？

とてもシンプルです。難しく考えることはありません。「ある」と思えば「ある」が現実化し、「ない」という思いは「ない」が現実化するのでしたね。

最後に、お金も運も幸せも、欲しいもののすべてを引き寄せるために、大切なことをお伝えいたします。それは、**「常に心地いい感情をチョイスしてくださぃ」ということです。**

内なる叫びや、内なる感情と言動を、ぜひ調和させてください。

ときに、その感情が負の感情で爆発しそうになることもあるでしょう。

そのときは、上手に発散して、自分の苦しい感情を見ないふりするのではなく、平和的なやり方で感情を吐き出す方法を探してください。

つまり、一刻も早く心を解放してあげて、心地いい状態に身を置くことが大切なのです。

よい思考もワクワクする感情も、それらによって自分から発する周波数というものが変わってきます。

よい周波数は同じよい周波数の事象を引き寄せるのです。

なので、あなたが常に笑顔でいられるような状態、または心が満たされて心地いい状態でいることは、これからお金が入ってくるパイプづくりの大切な部分になるのです。

自分の心地いい環境、心地いい人間関係、心地いいお金の遣い方を選択していってください。

自分を大切にするのです。

自分を大切にするその感覚こそが、周りの人をも大切にすることにつながり、それがまだ見ぬ誰かへの貢献へと繋がっていき、あなたの豊かさはどんどんどんどん広がっていくことでしょう。そうなれば、広がりは無限なのです。

POINT

豊かさは無限のもの

おわりに

あなたの可能性はもっともっと広がります

最後までお読みいただきましてありがとうございました。

この本はお金をテーマとして扱いましたが、お伝えしたいことは、「あなたは豊かさと幸せの両方を選択していい」、ということです。

それらを得るツールの一つが、「お金である」ということなのです。

多くの人々はそのツールに心痛めたり、振り回されたりしてお金を悪者にしています。お金を否定することで、自分からお金を遠ざけようとまでしているのです。

しかし、私たちは、そのお金を大好きになり、お金からも好かれ、豊かになっていいのです。それを自分に許可できたとき、お金に振り回されなくなり、心から喜びを得ることができるでしょう。

お金により、あなたの可能性はもっともっと広がり、あなたの根底にある、他の人に分かち与える気持ちも行動に移せ、ますます自分と周りの人がお金から得られる恩恵で幸せになるのを見て喜ぶことができるでしょう。

数年前から私は、これらのことを自分の関わるすべての人……それは家族であったり、クライアントの皆さん、そして、毎日私のブログを訪問してくださる読者の皆様に伝えたい、と思うようになりました。

しかし、伝え方がわからないまま、ただただ私自身が文字どおり豊かになり、幸せに、人生を楽しく生きていくことで、その私の生き方を見てもらうことこそが、一番法則をお伝えすることになるのでは、と思っていました。

その頃タイミングよく、出版社の方からこの本の執筆依頼をいただきました。お金が一番力を発揮するのは、貯めることで不安を解消するときではなく、自分がワクワクできることをするために使うときです。

そこがブレなければ、お金は人生を豊かにするためのツールとして、とても大切なものであることを理解できるでしょう。

この本を手にとったすべての方は、お金と幸せと豊かさすべてを手にできる潜在的能力を持っています。

本当はもう既にあるのですが、それをなお一層発揮していくために、どうぞ本書ですすめられていることを実践してみてください。必ずや、あなたの豊かさはどんどん増していきます。


この本を書き上げて一番思うことを最後にお伝えしたいのですが、執筆という私の大好きな仕事ができているのは、私の生活の中心ともなっているブログ「美人になる方法」の読者の皆さまのおかげです。

毎回、本のあとがきの部分で、読者様への感謝の言葉が書きたくなるのですが、やはり私の原点はそこである、といつも自覚しているからです。

私には元々人脈もコネもありませんでしたが、こうして本を執筆しつづけられているのも、ブログの読者様のおかげです。

本当にありがとうございます。

この本にてご縁がありました皆様、また私に関わるすべての人がますます豊かになり、幸せであることを心よりお祈りしております。

ワタナベ薫

本作品は大和出版より二〇一四年二月に刊行された
同タイトルの書籍を再編集して文庫化したものです。

ワタナベ薫（わたなべ・かおる）
作家、株式会社WJプロダクツ代表取締役であり、他1社を経営する実業家。美容、健康、メンタル、自己啓発、成功哲学など、女性が内面と外面の両方から綺麗になる方法を発信。著書に『幸せになる女の思考レッスン』（光文社）、『女は年を重ねるほど自由になる』（大和書房）など多数。

だいわ文庫

なぜかお金《かね》を引《ひ》き寄《よ》せる女性《じょせい》39のルール

著者　ワタナベ薫《かおる》

二〇一八年四月一五日第一刷発行

発行者　佐藤 靖
発行所　大和《だいわ》書房
東京都文京区関口一−三三−四 〒一一二−〇〇一四
電話 〇三−三二〇三−四五一一

フォーマットデザイン　鈴木成一デザイン室
本文デザイン　斉藤よしのぶ
本文印刷　信毎書籍印刷
カバー印刷　山一印刷
製本　ナショナル製本

ISBN978-4-479-30698-6

http://www.daiwashobo.co.jp